CADERNO DO FUTURO

Simples e prático

Língua Portuguesa

3º ano

ENSINO FUNDAMENTAL

IBEP 4ª edição
São Paulo – 2022

Coleção Caderno do Futuro
Língua Portuguesa 3º ano

Diretor superintendente Jorge Yunes
Diretora Editorial Célia de Assis
Editora Adriane Gozzo
Assistente editorial Isabella Mouzinho, Stephanie Paparella, Patrícia Ruiz
Revisão Denise Santos, Yara Affonso
Departamento de arte Aline Benitez, Gisele Gonçalves
Secretaria editorial e processos Elza Mizue Hata Fujihara
Assistente de produção gráfica Marcelo Ribeiro
Projeto gráfico e capa Aline Benitez
Ilustrações Vanessa Alexandre, Shutterstock
Imagens Shutterstock
Editoração eletrônica N-Public

4ª edição - São Paulo - 2022

IBEP

Rua Gomes de Carvalho, 1306, 11º andar, Vila Olímpia
São Paulo – SP – 04547-005 - Brasil – Tel.: (11) 2799-7799
www.editoraibep.com.br

Impressão e acabamento - Leograf - Julho de 2025

P289c Passos, Célia

Caderno do Futuro 3º ano: Língua Portuguesa / Célia Passos, Zeneide Silva. - 4. ed. - São Paulo : IBEP - Instituto Brasileiro de Edições Pedagógicas, 2022.
112 p. : il. ; 32cm x 26cm.

ISBN: 978-65-5696-284-9 (aluno)
ISBN: 978-65-5696-285-6 (professor)

1. Ensino Fundamental Anos Iniciais. 2. Livro didático. 3. Língua Portuguesa. 4. Ortografia. 5. Gramática. 6. Escrita. I. Silva, Zeneide. II. Título.

CDD 372.07
2022-3337 CDU 372.4

Elaborado por Odilio Hilario Moreira Junior - CRB-8/9949

Índice para catálogo sistemático:
1. Educação - Ensino fundamental: Livro didático 372.07
2. Educação - Ensino fundamental: Livro didático 372.4

APRESENTAÇÃO

Queridos alunos,

Este material foi elaborado para você realizar várias atividades de Língua Portuguesa e auxiliá-lo no processo de aprendizagem. São atividades simples e práticas que retomam temas de estudo do seu dia a dia, preparando você para as diversas situações de comunicação que vivencia na escola e fora dela.

Esperamos que aproveite bastante este material no seu desenvolvimento escolar e pessoal.

Um abraço.

As autoras

SUMÁRIO

BLOCO 1 6

Alfabeto
Sílabas
Sílaba tônica
Ortografia:
- m antes de b e m antes de p
- letras s/ss
- letra r

BLOCO 2 24

Encontro vocálico
Encontro consonantal
Dígrafos
Ortografia:
- e – i – ei; o – u – ou
- br – cr – dr – fr – gr – pr – tr – vr
- nha, nhe, nhi, nho, nhu

BLOCO 3 37

Sinais de pontuação
Emprego da vírgula
Frases afirmativas / frases negativas
Frases exclamativas / frases interrogativas
Ortografia:
- l – u
- o – u
- ga, gue, gui, go, gu

BLOCO 4 51

Acentuação
Emprego do til
Artigo definido e artigo indefinido
Ortografia:
- ça, ce, ci, ço, çu
- ão – ãos – ã – ões – ães
- que, qui

BLOCO 5 63

Substantivo próprio e comum
Substantivo coletivo
Gênero do substantivo
Número do substantivo
Grau do substantivo
Ortografia:
- h
- lha, lhe, lhi, lho, lhu
- x, ch
- as, es, is, os, us
- az, ez, iz, oz, uz

BLOCO 6 88

Sinônimos e antônimos
Adjetivo
Pronome
Ortografia:
- al, el, il, ol, ul
- s com som de z
- bl – cl – fl – gl – pl – tl

BLOCO 7 100

Verbo
- Tempos do verbo

Sujeito e predicado
Ortografia:
- ar, er, ir, or, ur
- an, en, in, on, un
- x com som de s – ss – cs

Bloco 1

CONTEÚDOS:

- Alfabeto
- Sílabas
- Sílaba tônica
- Ortografia:
  - → m antes de **b** e m antes de **p**
  - → letras s/ss
  - → letra r

Lembre que:

- Na língua portuguesa, há 26 letras.
- O conjunto dessas letras recebe o nome de **alfabeto**.

Alfabeto

A	B	C	D	E	F	G	H	I
J	K	L	M	N	O	P	Q	R
S	T	U	V	W	X	Y	Z	

Vogais

a	e	i	o	u

Consoantes

b	c	d	f	g	h	j	k	l
m	n	p	q	r	s	t	v	w
x	y	z						

1. Responda:

a) Quantas letras há no nosso alfabeto?

b) Quantas e quais são as vogais?

c) Quantas e quais são as consoantes?

2. No quadro abaixo há algumas palavras iniciadas por consoantes e, outras, por vogais. Separe-as de acordo com o modelo.

abacaxi - vassoura - brinquedo
livro - igreja - aluno - ovo
céu - escola - recreio - alto
elegante - lápis - professor
martelo - urubu - nome
aniversário - dia - olho

Palavras iniciadas por vogal	Palavras iniciadas por consoante
abacaxi	vassoura

Lembre que:

- Podemos escrever as palavras em ordem alfabética.

Para colocar as palavras em ordem alfabética, devemos:

– saber de cor o alfabeto;

– observar a primeira letra das palavras e colocá-las na sequência do alfabeto.

Exemplos: **d**ado – **p**ato – **a**ba – **s**ala – **b**ola
aba – **b**ola – **d**ado – **p**ato – **s**ala

3. Coloque as palavras do quadro em ordem alfabética.

chave - armário - porta - leite
filme - estrela - maçã - gravata

4. Qual é a letra que vem depois?

b – ☐ g – ☐ i – ☐

d – ☐ h – ☐ o – ☐

e – ☐ j – ☐ r – ☐

l – ☐ a – ☐ x – ☐

5. Escreva estas palavras em ordem alfabética.

a) carrinho – pião – boneca – urso

b) borracha – lápis – apontador – caderno

c) prato – talher – panela – copo

6. Numere as palavras seguindo a ordem alfabética.

☐ ema	☐ balde	☐ tatu
☐ jiboia	☐ abelha	☐ pato
☐ onça	☐ macaco	☐ cigarra
☐ zebra	☐ leão	☐ gato

Lembre que:

- As letras do nosso alfabeto podem apresentar-se de duas formas: **maiúsculas** e **minúsculas**.
- Empregamos as letras maiúsculas em nomes de pessoas, em nomes de lugares e no início de frases.

Alfabeto maiúsculo

A B C D E F G H I

J K L M N O P Q R

S T U V W X Y Z

Alfabeto minúsculo

a b c d e f g h i

j k l m n o p q r

s t u v w x y z

7. Escreva palavras iniciadas pelas seguintes letras maiúsculas e minúsculas.

a) F
b) R
c) M
d) D
e) S
f) e
g) c
h) u
i) t
j) a

8. Pinte as afirmações corretas.

Usamos a letra maiúscula para

iniciar frases.
escrever todas as palavras.
escrever nomes de pessoas e lugares.

9. Complete a frase com as palavras do quadro. Lembre-se de usar letras maiúsculas ou minúsculas.

férias - Salvador - Joana
capitais - Fortaleza - Recife
Brasil - elas - Aracaju

Nas ______ fui com ______ conhecer várias ______ do ______, entre ______: ______, ______, ______ e ______.

10. Escreva as palavras do quadro abaixo na coluna certa.

Mooca - Marilda - Roberto
Celina - Capacabana - Jundiaí
Acre - Juca - Toninho
Paraná - Letícia - Sergipe

Nomes de lugares	Nomes de pessoas

Lembre que:

- **Sílaba:** som ou grupo de sons que se pronunciam de uma só vez. As palavras são formadas de uma, duas, três ou mais sílabas.
- **Monossílabas:** palavras formadas por uma só sílaba.

  Exemplos: pão – mão – pé.
- **Dissílabas:** palavras formadas por duas sílabas

  Exemplos: casa – quintal – pipa.
- **Trissílabas:** palavras formadas por três sílabas.

  Exemplos: faqueiro – menino – galinha.
- **Polissílabas:** palavras formadas por quatro ou mais sílabas.

  Exemplos: maluquinho – bicicleta – refrigerante.

11. Forme palavras substituindo o número pela letra correspondente no alfabeto e depois separe as sílabas das palavras formadas.
Observe o quadro:

a	b	c	d	e	f	g	h	i	j	k	l	m
1ª	2ª	3ª	4ª	5ª	6ª	7ª	8ª	9ª	10ª	11ª	12ª	13ª
n	o	p	q	r	s	t	u	v	w	x	y	z
14ª	15ª	16ª	17ª	18ª	19ª	20ª	21ª	22ª	23ª	24ª	25ª	26ª

a) ___ ___ ___ ___ ___ ___ ___ ___
16ª 1ª 20ª 9ª 14ª 5ª 20ª 5ª

b) ___ ___ ___ ___ ___
11ª 5ª 25ª 12ª 1ª

c) ___ ___ ___ ___ ___ ___
16ª 5ª 20ª 5ª 3ª 1ª

d) ___ ___ ___ ___ ___ ___ ___ ___ ___ ___
1ª 13ª 1ª 18ª 5ª 12ª 9ª 14ª 8ª 1ª

e) ___ ___ ___ ___

23ª 1ª 20ª 20ª

f) ___ ___ ___ ___ ___ ___ ___

3ª 1ª 19ª 20ª 5ª 12ª 15ª

g) ___ ___ ___ ___ ___ ___ ___ ___ ___

2ª 9ª 3ª 9ª 3ª 12ª 5ª 20ª 1ª

h) ___ ___ ___ ___ ___ ___ ___

3ª 9ª 18ª 1ª 14ª 4ª 1ª

12. Iniciando pela sílaba **ro**, forme palavras dissílabas. Depois, separe-as.

RO — DA — CHA — CA — ÇA — LHA — MA

13. Escreva palavras de acordo com a classificação silábica:

polissílaba:

dissílaba:

monossílaba:

trissílaba:

14. Separe as sílabas das palavras e escreva o número de sílabas de cada uma delas.

Separação de sílabas	Número de sílabas
livro li - vro	duas sílabas
passarinho	
sol	
caixa	
refrigerante	
carrinho	
bicicleta	

15. Classifique estas palavras quanto ao número de sílabas, escrevendo-as nos lugares corretos.

folha - travessura - guitarra - pé
gostosura - rei - homem - vizinho
amizade - mãe - seringa - pão
presunto - lapiseira - bicho - lei
clarineta - chuveiro - genro - louça

Monossílaba

Dissílaba

Trissílaba

Polissílaba

16. Encontre 12 palavras no diagrama e depois classifique-as quanto ao número de sílabas.

V	E	F	D	A	T	B	A	B	A	P	M
E	N	A	T	U	R	E	Z	A	M	G	Ã
R	A	G	O	R	A	L	A	L	X	C	O
M	H	M	D	M	T	E	P	A	T	O	G
E	C	A	F	É	O	Z	Z	N	R	A	B
L	P	G	I	J	I	A	P	Ç	E	B	T
H	S	D	N	A	S	O	E	O	M	D	V
O	C	H	Ã	O	T	A	M	L	P	T	B
R	H	E	L	I	C	Ó	P	T	E	R	O
Q	S	N	C	F	N	C	F	N	P	B	S
B	O	R	B	O	L	E	T	A	A	Z	X

Lembre que:

- A sílaba forte de uma palavra chama-se **sílaba tônica.**
  Exemplos: **nú**mero – mu**lher** – co**ra**gem.
- A sílaba tônica de uma palavra pode ser a última sílaba, a penúltima sílaba ou a antepenúltima sílaba.
- Quando a sílaba tônica é a última, a palavra é chamada **oxítona.**
  Exemplos: pa**trão** – can**tar**.
- Quando a sílaba tônica é a penúltima, a palavra é chamada **paroxítona.**
  Exemplos: **ga**lo – ga**li**nha.
- Quando a sílaba tônica é a antepenúltima, a palavra é chamada **proparoxítona.**
  Exemplos: chatea**dís**simo – **pés**sima.

17. Circule a sílaba tônica de cada palavra.

apareceu	cedinho	manhã
desordem	tomou	nariz
pássaro	música	menino
cipó	nuvem	página
sabonete	mágico	livro
colégio	caracol	coragem
também	leite	cantora
parecido	transporte	corpo

18. Assinale com um X a coluna correta.

Palavras	Oxítona	Paroxítona	Proparoxítona
Através			
Peru			
Possível			
Também			
Item			
Relâmpago			
Aluno			
Aqui			
Táxi			
Pássaro			

19. Separe as sílabas das palavras e risque a sílaba tônica.

a) menina me - ~~ni~~ - na

b) médico

c) boneca

d) chocalho

e) paletó

f) brinquedo

20. Faça a correspondência:

(1) oxítona
(2) paroxítona
(3) proparoxítona

( ) útil
( ) vítima
( ) máquina
( ) anzol
( ) feliz
( ) fábrica
( ) cascavel
( ) açúcar
( ) lápis
( ) chapéu
( ) estreia
( ) médico

21. Copie as palavras nos lugares corretos.

milho - pião - animal
dever - mesa - chácara
verdade - relâmpago - último

oxítona

paroxítona

proparoxítona

22. Destaque a sílaba tônica e dê sua colocação na palavra.
Siga o modelo.

Flamengo | men | penúltima

a) jacaré

b) música

c) regador

d) prateleira

e) corredor

23. Escreva os nomes dos desenhos. Depois, classifique os nomes quanto à sílaba tônica.

Lembre que:

- Antes de **p** e **b** usamos **m**.
  Exemplo: Levei um to**m**bo no ca**m**po de futebol.

24. Observe os desenhos e complete a cruzadinha.

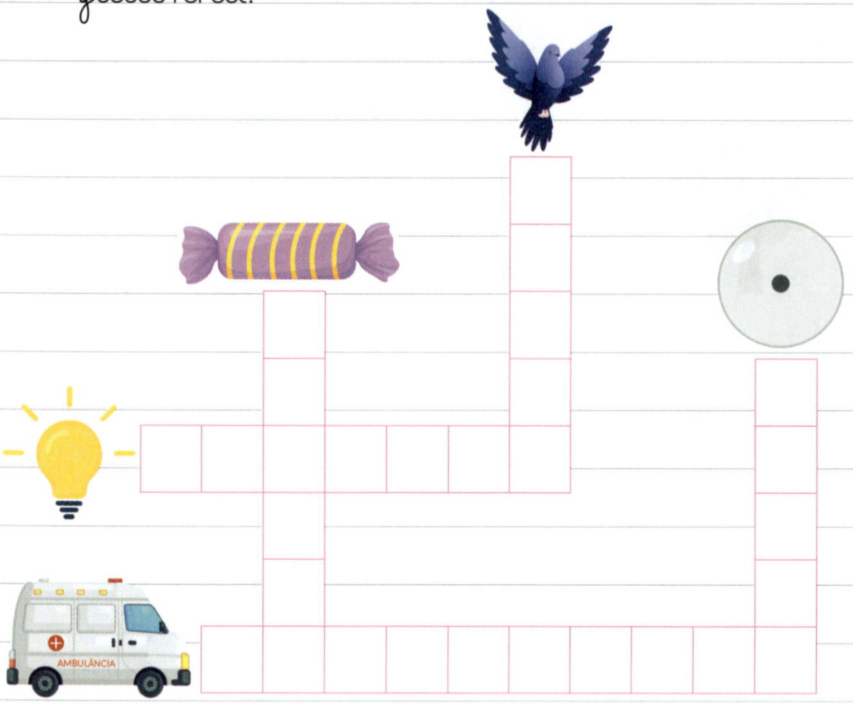

25. Ordene as sílabas e forme palavras.

a) po - tem
b) lê - bam - bo
c) ba - tom
d) bi - um - go
e) ba - bam
f) bei - bom - ro
g) po - lim
h) pre - em - go
i) bor - tam

26. Complete com **m** ou **n** e, depois, escreva as palavras.

a) ba da

b) deze bro

c) le brar

d) ti ta

e) e prego

f) a tigo

g) de te

h) se pre

27. Complete de acordo com o exemplo.

Exemplo:
lâmpada: lâm - pa - da
número de sílabas: 3
classificação: trissílaba

a) samba:
número de sílabas:
classificação:

b) cantiga:
número de sílabas:
classificação:

c) campo:
número de sílabas:
classificação:

d) lampião:
número de sílabas:
classificação:

e) canção:
número de sílabas:
classificação:

28. Complete a cruzadinha com as respostas das charadas.

a) É usada em cima das panelas ou das lixeiras.
b) Carro utilizado no transporte de doentes.
c) É o símbolo da paz.
d) Clareia e vem antes dos trovões.
e) É escura, mas feita pelo claro da luz.

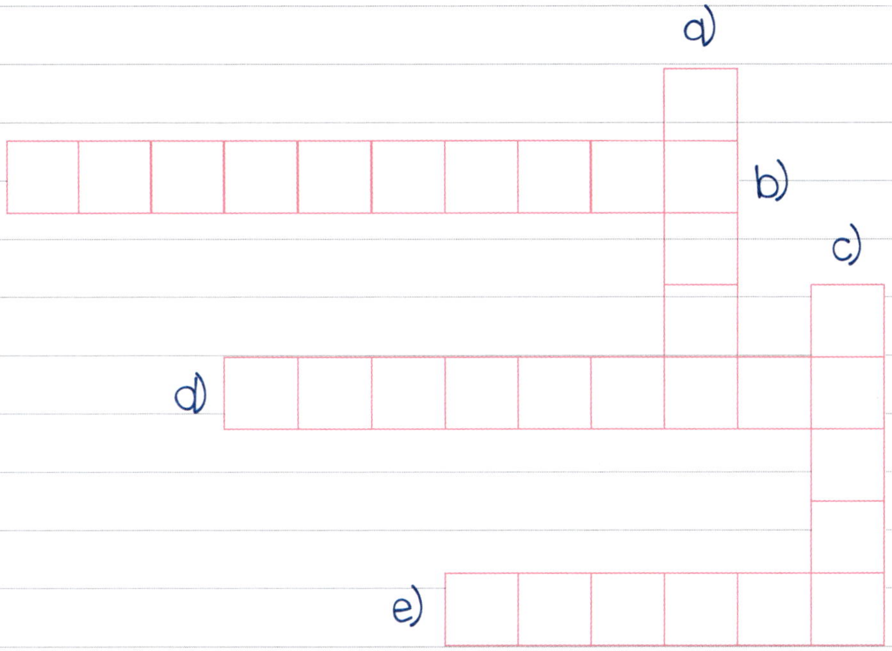

Vamos trabalhar com: s – ss

29. Forme palavras com as sílabas do quadro, observando os números. Depois, separe as sílabas.

as 1	pas 2	na 3	ra 4	dei 5	sa 6	si 7
do 8	ri 9	tu 10	nho 11	sus 12	mis 13	ta 14

a) 1 - 7 - 3 - 10 - 4

b) 2 - 6 - 8

c) 2 - 6 - 9 - 11

d) 13 - 6

e) 1 - 6 - 5 - 4

f) 1 - 12 - 14 - 8

30. Separe as sílabas das palavras e depois forme frases.

a) passarinho

b) sapato

c) travesseiro

d) sossegar

31. Junte as sílabas e forme palavras.

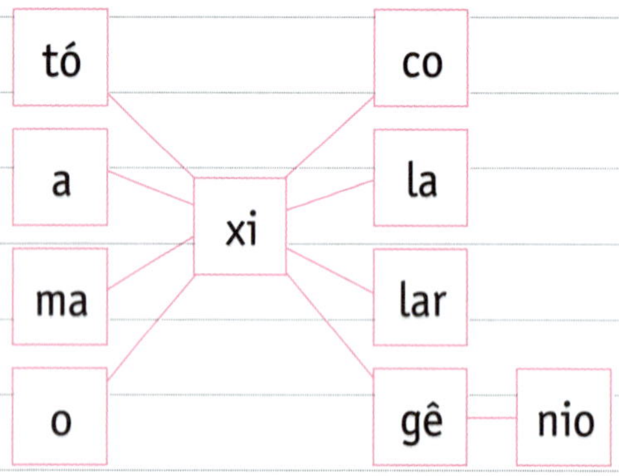

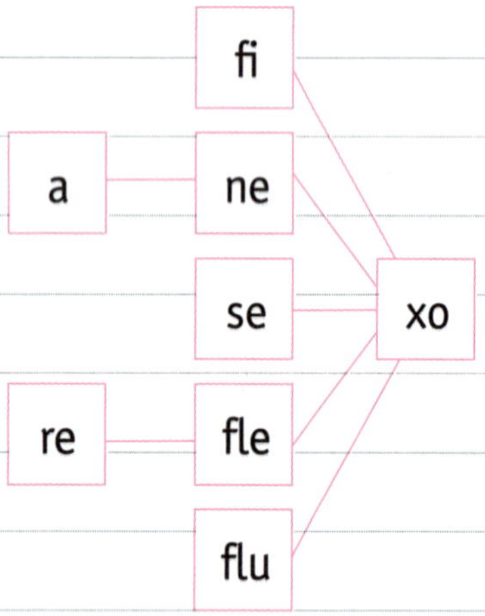

32. Escreva palavras que rimam com as palavras abaixo e sejam grafadas com **ss**:

a) massa

b) regresso

c) apressar

d) sessenta

e) tosse

33. Forme palavras com as sílabas do quadro, observando os números. Depois, separe as sílabas dessas palavras.

pas 1	pês 2	de 3	si 4	zes 5	dei 6	go 7	ra 8
as 9	mas 10	tu 11	se 12	sa 13	na 14	seis 15	do 16

a) 1 - 13 - 6 - 8

b) 10 - 13

c) 9 - 13 - 16

d) 9 - 4 - 14 - 11 - 8

e) 2 - 12 - 7

f) 3 - 5 - 15

Lembre que:

- O **r** entre vogais tem som mais fraco.

Exemplo: Mariquinha era namorada do Mário, que morava na chácara.

34. Complete as palavras com **r**, copie-as e depois separe as sílabas.

a) mu o

b) va a

c) fe iado

d) inte esse

e) a   ame

f) segu   ar

35. Ordene as sílabas e forme palavras.

a) ga - to - ro

b) ro - cou

c) ra - go - a

d) ce - ra - nou

e) ru - ba - lho

36. Copie as palavras do quadro a seguir dentro da casa, em ordem alfabética.

morava - hora - admirou
oriental - ketchup - moldura
dourada - buraco - orelha - barulho
embora - cara - coração - sopa

37. Forme palavras com estas sílabas:

ca	re	co	ro	ta	va	nou	go	ço
ra	pa	ba	ce	de	bu	gi	a	fa
dei	cou	rou	ban	ro	ga	ça	pa	ru

38. Procure no diagrama as palavras do quadro.

Lara - coragem - barulho
barata - farofa - padaria
roda - remo - Rita

J	O	L	B	A	R	U	L	H	O	C	G	T	U
R	W	I	A	H	W	L	Q	I	B	B	S	E	F
I	L	A	R	A	J	I	F	A	R	O	F	A	Z
T	M	Z	A	G	P	A	A	W	R	C	X	E	R
A	K	N	T	J	C	O	R	A	G	E	M	V	O
W	O	Y	A	N	F	K	M	H	Q	H	O	F	D
P	A	D	A	R	I	A	P	F	R	E	M	O	A

39. Escreva palavras que você conhece com **r** entre vogais.

40. Leia as palavras abaixo. Depois, reescreva-as retirando um **r** e observe a mudança de significado:

a) carro

b) carrinho

c) murro

d) carreta

e) ferra

f) erra

g) torra

h) arranha

i) corro

j) encerra

k) morro

41. Escreva as letras minúsculas do alfabeto.

a b c d e f

g h i j k l

m n o p q r

s t u v w x

y z

42. Escreva as letras maiúsculas do alfabeto.

A B C D E F

G H I J K L

M N O P Q R

S T U V W X

Y Z

Bloco 2

CONTEÚDOS:

- Encontro vocálico
- Encontro consonantal
- Dígrafos
- Ortografia:
  - → e – i – ei; o – u – ou
  - → br – cr – dr – fr – gr – pr – tr – vr
  - → nha, nhe, nhi, nho, nhu

Lembre que:

- Em algumas palavras, as vogais podem aparecer juntas, ou seja, há um encontro de vogais.

Exemplos: l**ei**te – m**ão** – cac**au**.

- A esse encontro de vogais damos o nome de **encontro vocálico**.

Os encontros vocálicos são três: ditongo, tritongo e hiato.

- **Ditongo:** encontro de duas vogais na mesma sílaba.

Exemplo: p**ei** - xe.

- **Hiato:** encontro de duas vogais em sílabas diferentes.

Exemplo: p**i** - **a** - no.

- **Tritongo:** encontro de três vogais numa mesma sílaba.

Exemplo: U - ru - **guai**.

1. Pinte somente as palavras com encontro vocálico:

sair - menino - mão - viola
tucano - luar - rei - iguais
saúde - peito - livro - presunto

2. Escreva o nome dos desenhos e classifique os encontros vocálicos, como no modelo.

açucareiro
ditongo

3. Separe as sílabas das palavras abaixo.

a) poeta
b) saguão
c) queijo
d) aula
e) vassoura
f) enxaguei
g) rua

4. Complete as palavras com encontros vocálicos.

a) avi	g) histór
b) m	h) p ta
c) p xe	i) colh ta
d) b	j) l r
e) l te	k) cart ro
f) cad ra	l) alegr

5. Circule somente as palavras com encontro vocálico.

sair - menino - mão - viola
tucano - luar - rei - iguais
saúde - peito - livro - presunto

6. Circule nas palavras abaixo os encontros vocálicos.

a) carteiro	e) mamão
b) brincadeira	f) dilúvio
c) notícia	g) dourado
d) água	h) ameixa

7. Circule as palavras em que há tritongo.

Paraguai - coitada - iguais - Uruguai
saia - colégio - averiguou - quieta

8. Leia as palavras e escreva **d** para ditongo, **t** para tritongo e **h** para hiato:

a) ☐ baú	i) ☐ Paraguai
b) ☐ loiro	j) ☐ herói
c) ☐ flauta	k) ☐ desiguais
d) ☐ relógio	l) ☐ enxaguou
e) ☐ dia	m) ☐ manteiga
f) ☐ viagem	n) ☐ couro
g) ☐ iguais	o) ☐ portão
h) ☐ duas	p) ☐ moela

Lembre que:

- **Encontro consonantal** é o encontro de duas ou mais consoantes na mesma palavra.

  Pode ocorrer na mesma sílaba ou em sílabas diferentes.

  Alguns encontros consonantais:

bj – ob-**je**-to

bl – bí-**bli**a

br – **bra**-ço

cl – **cli**-ma

cr – **cre**-me

dj – ad-**je**-ti-vo

dr – pe-**dra**

dv – ad-**vo**-ga-do

fl – **fla**u-ta

fr – **fra**-co

gl – **glo**-bo

gn – ma-lig-**no**

gr – **gra**-de

pt – ap-**to**

pl – **plu**-ma

p – **pra**-to

tl – a-**tle**-ta

tr – **tra**-tor

tm – rit-**mo**

vr – li-**vro**

9. Sublinhe os encontros consonantais.

traço - floco - prova - digno - glória

vidro - livro - rítmico - aplicar - frade

brejo - milagre - adjetivo - atleta - atlas

10. Ordene as sílabas, formando palavras. Depois, circule os encontros consonantais.

a) ga - ri - a - dro

b) la - dor - vra

c) bra - que - do

d) tra - es - da

e) gri - do - pa

f) za - re - cla

g) do - ri - flo

h) a - so - plau

11. Separe as sílabas das palavras a seguir.

a) maligno
b) digno
c) ritmo
d) objeto
e) captar
f) absorver
g) absurdo
h) opção
i) absoluto

12. Responda às questões, usando palavras com encontro consonantal.

a) Ele não é gordo. Ele é ___.

b) O que queima no fogo: ___.

c) Veículo usado pelo agricultor: ___.

d) Caderno de anotações: ___.

e) Toda criança gosta de ___.

13. Escreva as palavras abaixo em ordem alfabética.

globo - sobre - maligno - cravo
patroa - flauta - traço - drogaria
adjetivo - brejo - objeto - ritmo

14. Crie novas palavras, conforme o modelo.

pego - prego

a) bota	c) cento	e) sobe
b) pato	d) faca	f) dama

15. Forme frases empregando as palavras.

a) pato e prato

b) dama e drama

16. Complete a cruzadinha com as palavras abaixo.

5 letras: treco - clima - atlas - opção
6 letras: patroa - flauta - captar - objeto
7 letras: rítmico - aplauso
8 letras: absoluto
10 letras: professora

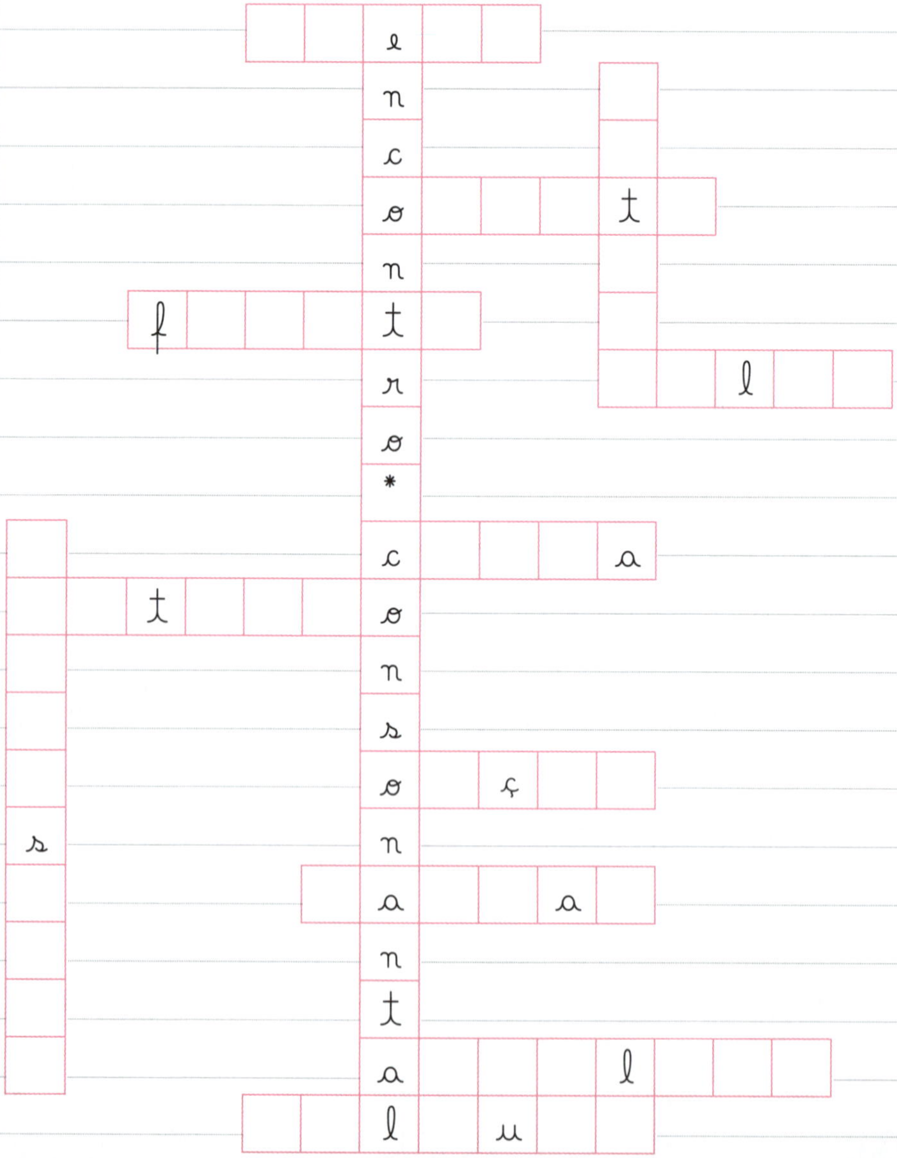

Lembre que:

- **Dígrafo** é o encontro de duas letras que representam um único som.

Exemplos: **águ**a, **qu**ero, **ch**orar, te**rr**a.

Principais dígrafos:

CH ch**ave**	**LH** ove**lh**a	**NH** ni**nh**o	**GU** fo**gu**ete	**QU** **qu**eijo
RR ba**rr**iga	**SS** o**ss**o	**SC** pi**sc**ina	**SÇ** cre**sç**a	**XC** e**xc**eção

17. Circule os dígrafos das palavras abaixo.

a) fogueira
b) crescer
c) carro
d) aranha
e) galho
f) pássaro
g) alho
h) guerra
i) carroça
j) queijo
k) tosse
l) chuteira
m) excelente
n) nascimento

18. Complete estas palavras com **nh**, **lh** ou **ch**.

a) ore___udo	e) coa___o
b) ba___eiro	f) ___inelo
c) co___eira	g) ve___inha
d) ca___oto	h) man___a

- Os dígrafos **rr**, **ss**, **sc**, **sç** e **xc** representam um só som, mas na divisão silábica são separáveis.

  Exemplo: barriga ⇨ bar - ri - ga

19. Destaque os dígrafos das palavras e separe as sílabas, como no modelo.

repolho **lh** **re-po-lho**

a) farinha

b) charrete

c) coqueluche

d) piscina

e) guiar

f) cresça

g) carrossel

h) pessegueiro

i) exceção

j) barriguinha

20. Escreva duas palavras com os seguintes dígrafos:

a) nh

b) gu

c) rr

d) lh

e) ch

f) ss

g) sc

h) sç

i) xc

j) qu

21. Separe as palavras quanto à presença de encontro consonantal ou dígrafo.

queijo - chave - livro - carroça
clorofila - problema - bússola - nasce
gravata - atropelar - placa - mulher
excelente - farinha - recreio - quadro

Encontro consonantal

Dígrafo

Vamos trabalhar com:
e – i – ei; o – u – ou

22. Complete com **o** ou **u**.

a) p___lenta
b) ch___visco
c) m___leca
d) g___ela
e) sábi___
f) táb___a
g) delicios___
h) mág___a
i) emb___tir
j) degra___

23. Escreva as palavras nas colunas corretas.

ajudar - acudir - madrugar - lombriga
segunda - adoçar - garimpo - cuspir
cutucar - ombro - tabuada - moer
andorinha - pernilongo

Escritas com o	Escritas com u

24. Complete as palavras com uma das formas que estão nos quadrinhos:

a) degra ___ | o-u
b) capo ___ ra | e-ei
c) crân ___ o | e-i
d) lig ___ ro | e-ei
e) espontâne ___ | o-u
f) pát ___ o | e-i
g) p ___ co | o-ou

25. Leia as palavras e escolha aquela que cabe no diagrama. Siga o exemplo.

a) carteiro - fio - dormiu | dor | miu |
b) viu - couve - vassoura | | | |
c) roupa - piada - passeio | | |
d) baixa - arrepio - beijo | | | |

26. Descubra o nome da profissão de quem

a) conserta sapatos:
b) vende sorvetes:
c) cuida de jardins:
d) entrega cartas:
e) entrega leite:
f) defende o gol no futebol:
g) faz o pão:

27. Separe as sílabas e acentue corretamente as palavras:

a) paises
b) juizes
c) saude
d) bau
e) caido
f) saida
g) viuva

28. Forme palavras, substituindo os números pelas sílabas correspondentes:

1 du	2 ei	3 ja	4 ou	5 ti	6 nhei	7 bo	8 po
9 bu	10 ca	11 di	12 ra	13 lir	14 ro	15 lei	16 ba

a) 1 - 12
b) 3 - 9 - 5
c) 10 - 8 - 2 - 12
d) 3 - 9 - 5 - 10 - 16
e) 9 - 2 - 14
f) 8 - 15 - 14
g) 8 - 13
h) 4 - 14
i) 11 - 6 - 14

29. Circule no trecho a seguir os ditongos **ei** e **ou**:

O sorveteiro ofereceu ajuda a uma jardineira que passava pelo canteiro, quando um menino bagunceiro passou correndo e derrubou o saco de terra e a tesoura de jardinagem. Moleque danado, só faz traquinagem.

Vamos trabalhar com:
br – cr – dr – fr – gr – pr – tr – vr

30. Complete as palavras com **br**, **cr**, **dr**, **fr**, **gr** e, depois, copie-as.

a) ze a
b) co a
c) ilhando
d) uxa
e) a aço

f) avo
g) eme
h) uzeiro
i) iança

j) xa ez
k) compa e
l) vi o

m) ango
n) re esco
o) itura
p) co e
q) utas

r) ilo
s) ipe
t) osso
u) lá ima
v) ade

31. Faça o mesmo com estas palavras, empregando **pr**, **tr** e **vr**.

a) ego
b) com a
c) ato
d) eço
e) esente

f) em
g) es ela
h) eze
i) ilho
j) abalho

k) li o
l) li aria
m) li e
n) pala a

32. Escreva as palavras do quadro em ordem alfabética.

brilhante - madrugada - abraço
livraria - presente - igreja - cravo
obrigado - travesseiro - grilo

1.
2.
3.
4.
5.
6.
7.
8.
9.
10.

33. Forme frases com as palavras:

a) dragão

b) fruta

34. Escreva duas palavras para cada grupo de letras.

a) br

b) cr

c) dr

d) fr

e) gr

f) pr

g) tr

h) vr

Vamos trabalhar com:
nha, nhe, nhi, nho, nhu

35. Circule as sílabas **nha**, **nhe**, **nhi**, **nho**, **nhu** das palavras.

a) cozinha
b) montanha
c) amanhece
d) nenhuma
e) cegonha
f) companhia
g) banheiro
h) ninho
i) banho
j) galinheiro

36. Leia, copie e separe as sílabas destas palavras:

a) cozinha

b) caminho

c) ninho

d) rebanho

37. Copie o texto a seguir sobre os direitos da criança.

Os direitos da criança

Alimentação, moradia e assistência médica adequadas.

Educação e cuidados especiais, se a criança tiver alguma deficiência física ou mental.

Amor e compreensão dos pais e da sociedade.

Igualdade, sem distinção de raça, religião ou

nacionalidade.

Proteção para o seu desenvolvimento físico, mental e social.

Crescer dentro de um espírito de solidariedade,

compreensão, amizade e justiça entre os povos.

Bloco 3

CONTEÚDOS:

- Sinais de pontuação
- Emprego da vírgula
- Frases afirmativas / frases negativas
- Frases exclamativas / frases interrogativas
- Ortografia:
  - → l – u
  - → o – u
  - → ga, gue, gui, go, gu

Lembre que:

- **.** **Ponto-final:** indica que a frase terminou.
- **?** **Ponto de interrogação:** usado em perguntas.
- **!** **Ponto de exclamação:** usado para indicar admiração, surpresa, alegria, dor etc.

1. Leia e complete as frases.

a) Que lindo quadro!
Em frases exclamativas, usamos o ponto de ______________.

b) Quem quer ser meu colega?
Em frases interrogativas, usamos o ponto de ______________.

c) Clara é minha melhor amiga.
Em final de frases afirmativas, usamos o ponto-______________.

2. Escreva:

a) uma frase exclamativa com a palavra **futebol**.

b) uma frase interrogativa com a palavra **brincar**.

c) uma frase, usando o ponto-final, com a palavra **casa**.

3. Copie as frases, colocando os sinais de pontuação adequados.

a) Quando ele voltará de viagem

b) Como o dia está bonito

c) Anita não gosta de biscoito

d) Que tarefa difícil

e) Quantos anos você tem

4. Pontue as frases dos balões.

- De quem são esses sapatos
- Au Au Au
- Poupando para o futuro

5. Ordene as palavras, forme frases e pontue-as:

a) árvore cortou O homem a não

b) sorvete vou tomar Amanhã um

c) estrelada Que noite

d) aqui você Como chegou

e) meu Quero em dinheiro troco

6. Pontue corretamente o diálogo a seguir.

Fábio: Nossa ☐ Que lindo este gatinho ☐ Qual é o nome dele ☐
Marcelo: O nome dele é Malhado ☐
Ai ☐, o Malhado me arranhou ☐
Fábio: Nossa ☐ Está doendo muito ☐ Não é melhor procurar um médico ☐
Marcelo: Não, não precisa ☐ Está tudo bem ☐

Lembre que:

- **Vírgula:** sinal usado para indicar uma pequena pausa na leitura.

  Alguns usos da vírgula:

- **Separar fatos dentro da frase.**

  Exemplo: Chegando à classe, pegue o giz.

- **Separar as enumerações dentro da frase.**

  Exemplo: Recolhemos muitas tralhas: botão, barbante, algodão, papel, tinta e pincel.

- **Indicar lugares, datas e números.**

  Exemplos: Olinda, 23 de maio de 2005.
  Rua Prefeito Manoel Regueira, 267.

- **Separar uma palavra que indica chamamento.**

  Exemplo: Ana Luiza, não perca a esportiva!

7. Reescreva as frases e coloque a vírgula quando for necessário:

a) Mariana foi à escola e levou lápis caderno borracha lapiseira e livro.

b) São Paulo 24 de fevereiro de 2006.

c) Rua da Palma 950.

d) Avenida Ipiranga 245 2º andar apartamento 21.

e) Gustavo Rodrigo Paulinho e Renan foram jogar futebol.

f) Naquela fazenda há porcos bois vacas cavalos e galinhas.

g) Juliana preste muita atenção no jogo!

8. Escreva frases usando corretamente a vírgula:

a) para separar palavra que indica chamamento.

b) para indicar lugares, datas e números.

c) para separar enumerações.

d) para separar fatos.

9. Leia o texto e coloque vírgula quando for necessário.

"Era uma vez uma bela rainha ela estava sentada perto da janela enquanto bordava um lençol de nenê. Sem querer ela espetou o dedo na agulha e caíram três gotas de sangue. Então a rainha olhou para fora e fez um pedido:

— Quero ter uma filha de pele branca como a neve que está caindo cabelos pretos como a madeira desta janela e boca vermelha como o sangue que saiu do meu dedo..."

Lembre que:

- **Frase:** é um conjunto de palavras que transmite uma informação.
- **Frase afirmativa:** afirma alguma coisa.

  Exemplo: Carla e Daniel são amigos.
- **Frase negativa:** nega alguma coisa.

  Exemplo: Os meninos não brigam.
- No fim de uma frase afirmativa ou negativa, usamos o **ponto-final.**

10. Forme frases com estas palavras:

a) brilhante

b) estrada

c) amigos

11. Transforme as frases afirmativas em frases negativas. Veja o modelo.

Eu gosto de sorvete.
Eu não gosto de sorvete.

a) Mariana anda de bicicleta.

b) O anel é da vizinha.

c) Amanhã eu vou para a escola.

d) Eles moram perto do supermercado.

e) Gabriel vai falar com o vovô.

f) As crianças tiraram as cadeiras.

12. Responda com frases afirmativas e negativas, como no modelo.

Você gosta de maçã?
Sim, eu gosto de maçã.
Não, eu não gosto de maçã.

a) Você toca piano?

b) Você toma banho de piscina?

c) Você sabe a lição?

d) O lápis é azul?

13. Ordene as palavras, formando frases afirmativas. Depois, transforme-as em negativas e pontue-as.

a) passeio do colégio Ana foi ao

b) balas gosta de Lucas bombons e

c) estão gaiola na Os pássaros

d) estrelas no brilham céu As

14. Classifique as frases como afirmativas (**a**) ou negativas (**n**).

a) Clara Luz era uma fada. ☐

b) Não gosto, não, senhor. ☐

c) Eu não sou um soldado. ☐

d) Os animais não gostam de sons muito altos. ☐

e) Devemos cuidar bem dos animais. ☐

15. Responda às perguntas com uma frase afirmativa. Siga o modelo.

> Você vai à praia?
> Sim, eu vou à praia.

a) Você foi à festa da escola?

b) Você gostou do filme?

c) Você sabe desenhar?

Lembre que:

- **Frase exclamativa:** indica sentimentos (dor, alegria, espanto, admiração, surpresa etc.) e apresenta no final o **ponto de exclamação.** Exemplos: Que horror! Coitadinho!
- **Frase interrogativa:** pergunta alguma coisa e apresenta no final o **ponto de interrogação.** Exemplo: Ela está doente?

16. Forme frases exclamativas com as seguintes palavras:

a) humor

b) inteligente

c) médico

17. Pinte somente as frases exclamativas.

a) Que criança esperta!
b) Estou muito feliz hoje.
c) Como a menina está triste!
d) Você gosta de falar ao telefone?
e) Como o menino é levado!

18. Transforme as frases afirmativas em interrogativas, usando a palavra **onde**. Observe o modelo.

Eu comprei laranja na feira.
Onde você comprou laranja?

a) Os livros estão na estante.

b) Mariana guardou a chave no chaveiro.

c) Mamãe trabalha no hospital.

19. Classifique as frases como exclamativas ou interrogativas:

a) Que brincadeira legal!

b) Que escola maravilhosa!

c) Onde você estuda?

d) O filme é emocionante?

e) Que dia maravilhoso!

20. Leia as frases, classificando-as em exclamativas ou interrogativas.

a) Que bola bonita!

b) Quem lhe deu essa bola?

c) Que bom jogador!

d) Será que ele vai jogar hoje?

Vamos trabalhar com:
l – u

21. Leia, copie e separe as sílabas destas palavras:

a) alça

b) calça

c) metal

d) almoço

22. Escreva o nome das figuras.

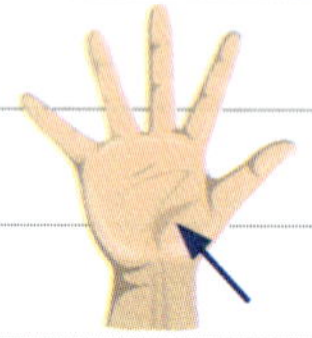

23. Complete estas palavras com **u** ou **l**:

a) vo tar
b) ca do
c) a finete
d) a ta
e) a dição
f) sa dade
g) fina
h) ca sa
i) ca da
j) sa to

24. Escreva as palavras que correspondem ao resultado da soma:

26 – cauteloso
22 – caldeirão
44 – avental
61 – automóvel
80 – palmeira
100 – milharal
60 – mingau
20 – bolsa
67 – saudade
13 – rebelde

13 + 7 = ____ -
50 + 10 = ____ -
37 + 7 = ____ -
30 + 37 = ____ -
50 + 30 = ____ -
50 + 50 = ____ -
1 + 21 = ____ -
7 + 6 = ____ -
20 + 41 = ____ -
12 + 14 = ____ -

25. Leia as palavras a seguir e indique se são escritas com **l** ou **u**. Depois, escreva-as corretamente no quadro.

a) esmera da
b) a tógrafo
c) ga pão
d) co ro
e) co cha
f) ba nilha
g) ba neário
h) sa dável
i) degra
j) quinta

Palavras escritas com **u**	Palavras escritas com **l**

Vamos trabalhar com: **o – u**

26. Complete com **o** ou **u**:

a) ch ___ visco
b) m ___ leca
c) g ___ ela
d) sábi ___
e) táb ___ a
f) b ___ liçoso
g) mág ___ a
h) emb ___ tir

27. Pinte de vermelho as palavras escritas com **o**. Depois, pinte de azul as escritas com **u**.

cumprir	**sacudir**	**comprido**
sábado	**segunda**	**doce**
garimpo	**custar**	**urubu**
ombro	**tabuada**	**chover**
dúvida	**andorinha**	**corado**

28. Forme palavras substituindo os números pelas sílabas correspondentes.

1 bo	2 ei	3 chu	4 la	5 ro	6 con	7 cha	8 po
9 vei	10 ca	11 tu	12 ra	13 lir	14 mu	15 lei	16 ju

a) 1 - 4 - 7 –
b) 3 - 9 - 5 –
c) 10 - 8 - 2 - 12 –
d) 10 - 16 –
e) 6 - 7 –
f) 15 - 11 - 12 –
g) 8 - 13 –
h) 14 - 4 –
i) 11 - 1 –

Vamos trabalhar com:
ga, gue, gui, go, gu

29. Complete estas palavras com **ga**, **go**, **gu** – **gue**, **gui** e depois copie-as.

a) che da
b) fran
c) jo nho
d) fo te
e) fi
f) a lha
g) fo ira

30. Leia, copie e separe as sílabas destas palavras.
a) amiguinha

b) guisado

c) gago

d) colega

31. Observe o modelo e continue o exercício.

colega coleguinha

a) amigo
b) pêssego
c) folga
d) fogo
e) manga

32. Encontre no diagrama cinco palavras com **gue** e cinco com **gui**.

G	U	E	R	R	E	I	R	O	O	S	M	I	J	P
J	G	U	I	T	A	R	R	A	I	A	Á	S	E	N
T	A	R	D	U	I	T	L	B	M	U	G	O	G	I
M	L	J	S	E	G	U	I	R	E	P	U	V	U	N
F	E	F	O	G	U	E	T	E	N	V	I	B	E	G
M	A	N	T	E	I	G	U	E	I	R	A	A	M	U
K	R	I	E	N	G	U	I	Ç	A	D	O	A	S	É
G	S	W	S	T	A	G	U	I	S	A	D	O	G	M
A	A	S	U	L	H	N	H	U	K	O	L	P	M	F

Agora, copie as palavras que você encontrou.

gue	gui

33. Complete as palavras com **gue** ou **gui** e depois copie-as.

a) açou

b) caran jo

c) fol do

d) fo te

e) tarra

f) fi nho

g) en ço

h) á a

34. Preencha a cruzadinha com o nome dos desenhos.

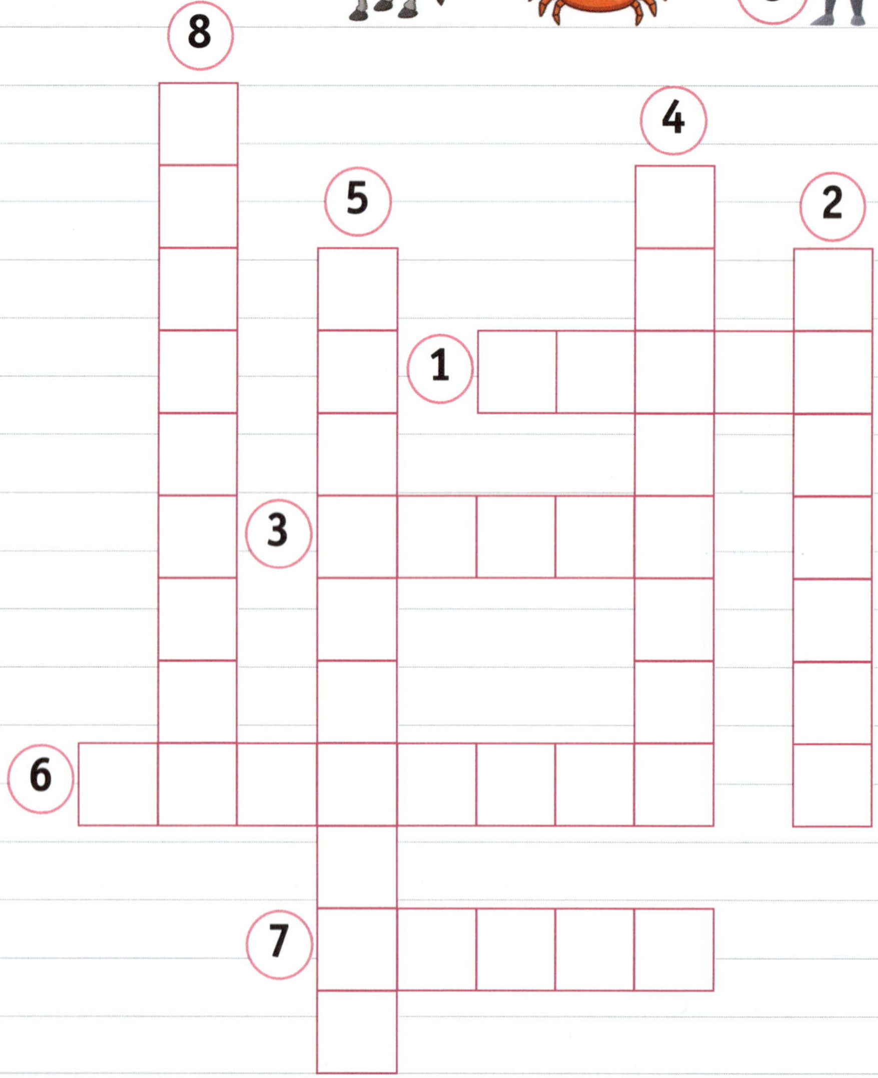

35. Copie o texto a seguir sobre uma boa convivência.

A boa convivência

Cumprir corretamente os seus deveres, para poder exigir

que os seus direitos sejam respeitados.

Defender seus direitos, mas saber respeitar o direito dos outros.

Ser autêntico, falar a verdade e assumir as falhas cometidas.

Ser educado, saber pedir licença, agradecer e
cumprimentar com um sorriso.

Não fazer com os outros o que você não gostaria que
fizessem com você.

Ser responsável, cuidar-se, querer-se bem.

Bloco 4

CONTEÚDOS:

- Acentuação
- Emprego do til
- Artigo definido e artigo indefinido
- Ortografia:
  - → ça, ce, ci, ço, çu
  - → ão – ãos – ã – ões – ães
  - → que, qui

Lembre que:

- O **acento agudo** (´) é colocado sobre as vogais das sílabas tônicas para indicar som aberto.

  Exemplos: chap**é**u, guaran**á**, aç**ú**car, rel**ó**gio, x**í**cara.

- O **acento circunflexo** (^) é usado sobre as vogais **a**, **e**, **o** para indicar **som fechado.**

  Exemplos: **â**ncora, p**ê**ssego, **ô**nibus.

1. Complete:

a) O acento agudo é colocado sobre as vogais das sílabas tônicas para indicar ________.

b) O acento circunflexo é usado sobre as vogais a, e, o para indicar ________.

c) O acento circunflexo não é usado sobre as vogais ____ e ____.

2. Coloque acento agudo ou circunflexo nas palavras e depois copie-as.

a) portugues
b) colegio
c) ioio
d) o vovo
e) lampada
f) cafe
g) onibus
h) paleto
i) serio
j) automovel
k) a vovo

l) silaba
m) armario

3. Acentue as palavras do quadro e depois copie apenas as palavras com acento circunflexo.

pe - ipe - cafe - chapeu - arvore
lampada - retangulo - quilometro
pantano - acido - calice - regua
onibus - pessego - eletrico - cerebro
bone - agua - trico - aneis

4. Complete as frases com as palavras entre parênteses.

a) O no berço todo o leite da mamadeira. (bebe, bebê)

b) menina com dor de cabeça. (está, esta)

c) Vera alta magra. (é, e)

d) O menino que o é um pássaro. (sabia, sabiá)

5. Recorte de jornais ou revistas e cole nos retângulos abaixo:

a) palavras com acento agudo.

b) palavras com acento circunflexo.

Lembre que:

- Usa-se o **til** (~) sobre as vogais **a**, **o** quando elas tiverem o **som nasal.**

6. Copie as palavras, colocando o til:

a) agitaçao
b) caminhao
c) gavioes
d) paes
e) aviao
f) coraçoes
g) mamae
h) roma
i) bocao
j) olhao
k) chao
l) mao

7. Coloque o til onde for necessário. Depois, copie as frases.

a) Rita abria o bocao e ninguém prestava atençao.

b) O cao escorregou no meio do salao.

c) O balao é de Sao Joao.

d) Meu irmao e minha irma sao comiloes.

e) Joao vestiu o macacao.

f) Juliana pegou a roma nas maos.

g) O coraçao de Sebastiao batia forte.

8. Leia as palavras e copie-as nos lugares corretos.

Damião - Julião - Estêvão
avião - pão - caminhão - João
Sebastião - violão - botão

Nomes de pessoas	Nomes de objetos

9. Complete as frases com o plural da palavra entre parênteses.

a) Os _______ saíram das jaulas. (leão)

b) Tio João comprou três _______ novos. (caminhão)

c) Os _______ acabaram o curso. (capitão)

10. Complete o quadro de acordo com o modelo.

melão	**melões**
coração	
balão	

irmã	**irmãs**
maçã	
hortelã	

irmão	**irmãos**
grão	
órfão	

cão	**cães**
pão	
alemão	

11. Numere as palavras de 1 a 10, conforme a ordem alfabética.

☐	cartão	☐	televisão
☐	garrafão	☐	balão
☐	órfão	☐	fogão
☐	capitão	☐	não
☐	mão	☐	amanhã

12. Escreva:

a) palavras monossílabas terminadas em **ão**.

b) palavras dissílabas terminadas em **ão**.

c) palavras trissílabas terminadas em **ão**.

d) palavras polissílabas terminadas em **ão**.

13. Procure em jornais, revistas ou livros palavras com **õe** e escreva-as no espaço abaixo.

Lembre que:

- **Artigo** é a palavra que acompanha um substantivo.
- Os artigos **o, a, os, as** são chamados **artigos definidos.** Indicam que estamos falando de um ser determinado. Exemplo: **O** menino mágico.
- Os artigos **um, uma, uns, umas** são chamados **artigos indefinidos.** Indicam que estamos falando de um ser qualquer.

  Exemplo: Vou comprar **umas** frutas hoje.

14. Sublinhe os artigos.

a) os meninos
b) o mar
c) as montanhas
d) os passarinhos
e) a casa

15. Complete com os artigos definidos **o**, **a**, **os**, **as**.

a) montanha
b) xícara
c) sacola
d) homem
e) animais
f) gaviões
g) amigos
h) bichos
i) pessoas
j) flores
k) rio
l) mar

16. Complete com os artigos indefinidos **um, uns, uma, umas**.

a) ______ anel
b) ______ pessoas
c) ______ remédios
d) ______ galinha

17. Circule os artigos das orações abaixo.

a) A menina comprou uns vestidos.
b) Os jogadores levaram as bolas.
c) A princesa é uma dama encantadora.
d) As pipocas são deliciosas!
e) O fazendeiro comprou um trator.

18. Classifique os artigos do quadro abaixo. Observe o modelo.

Artigo	definido	indefinido	masculino	feminino	singular	plural
o	x		x		x	
a						
os						
as						
um						
uma						
uns						
umas						

19. Copie as frases. Depois, sublinhe com um traço os artigos definidos e com dois traços os artigos indefinidos.

a) Vejo um gato e o cachorro do vizinho na rua.

b) As minhas amigas ganharam uns jogos divertidos.

c) As meninas venderam o livro para os meninos.

d) Um viajante me deu uma blusa colorida.

20. Escreva os nomes das figuras, com os respectivos artigos.

Artigo definido	Artigo indefinido

	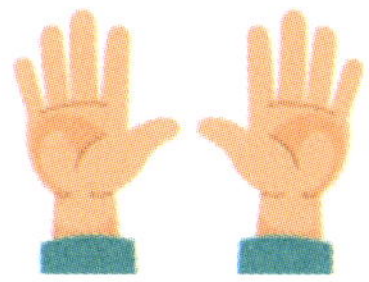

Vamos trabalhar com:
ça, ce, ci, ço, çu

21. Copie as palavras, depois complete-as com **ç** ou **c**:

a) inema
b) solu o
c) fa ilidade
d) alfa e
e) ro a
f) ma io
g) terra o

22. Contorne no quadro abaixo todas as palavras que estão escritas com **ç**.

cadarço	berço	bagaço	sossego
roça	traço	cebola	miçanga
sumiço	louça	coloca	lacuna
paçoca	força	terraço	redação
calça	cedilhado	cortiço	antes
criança	descer	palhaço	aceso
praça	açúcar	usado	lenço

23. A cedilha muda o significado das palavras. Observe e faça como no modelo.

louca louça

a) faca
b) calca
c) forca
d) roca
e) troca
f) cocar

24. Complete com **c** ou **ç** e depois copie as palavras nos lugares certos, de acordo com o número de sílabas.

a) ca a
b) ebola
c) po o
d) inema
e) ca ula
f) enoura
g) servi o
h) éu
i) for a
j) edo
k) refei ão
l) erâmica
m) ro a
n) do e
o) pesco o
p) te ido
q) a ucarado
r) va ina
s) abra o
t) aconte er

Monossílaba	Dissílaba

Trissílaba	Polissílaba

25. Recorte de jornais e revistas palavras escritas com **c** e **ç**. Depois, cole-as nos espaços abaixo.

c

ç

26. Adivinhe quais são as palavras escritas nos espelhos.

cinema	terraço
palhaço	abraço
cenoura	pescoço

• Como essas palavras são classificadas quanto ao número de sílabas?
São classificadas como ____________.

Vamos trabalhar com:
ão – ãos – ã – ões – ães

27. Leia, copie e separe as sílabas das palavras:

a) melão

b) oração

c) botão

d) órfão

e) coração

f) caminhão

g) campeão

28. Encontre no diagrama cinco palavras escritas no singular. Depois, escreva o plural das palavras encontradas.

P	Q	A	P	A	X	S	X	G
B	A	L	Ã	O	C	Ó	F	R
R	C	L	W	I	Q	T	W	Ã
M	Ó	R	F	Ã	O	Ã	P	O
T	U	B	A	R	Ã	O	D	E

1.
2.
3.
4.
5.

29. Passe para o plural as palavras terminadas em **ão**. Observe os modelos.

o órgão — os órgãos

a) o órfão
b) o grão
c) a bênção
d) o pagão

o leitão   os leitões

e) o avião
f) o pião
g) o coração
h) o pavão
i) o leão
j) o barão

30. Forme palavras relacionando números e sílabas:

lei¹	tões²	bon³	por⁴	pi⁵	ba⁶
ões⁷	fo⁸	co⁹	lão¹⁰	ção¹¹	çãos¹²
ra¹³	mão¹⁴	tão¹⁵	ções¹⁶	gão¹⁷	ir¹⁸

a) 1 - 15 -
b) 8 - 17 -
c) 4 - 2 -
d) 9 - 13 - 11 -
e) 5 - 7 -
f) 18 - 14 -
g) 6 - 10 -
h) 3 - 12 -
i) 9 - 13 - 16 -

31. Substitua **ão** por **ã**, conforme o modelo.

o campeão   a campeã

a) o cidadão
b) o escrivão
c) o espião
d) o alemão
e) o irmão
f) o anão

32. Substitua **ão** por **oa**, conforme o modelo.

o leão   a leoa

a) o leitão
b) o patrão
c) o pavão
d) o tabelião
e) o elefante
f) o ermitão

33. Leia o poema.

BIOGRAFIA

Com o lápis do pião
O menino escreve sobre
o chão
a história da sua vida

Triunfo Arciniegar. *Poemas com sol e sons*. São Paulo: Melhoramentos, 2004.

Agora, escreva no plural as palavras destacadas no poema.

Vamos trabalhar com: **que – qui**

34. Complete as palavras com **que** ou **qui** e, depois, copie-as.

a) rido
b) va nha
c) pe no
d) es ntar
e) co iro
f) lo
g) fa iro
h) mole
i) tutes

35. Observe o modelo e continue.

vaca - vaquinha

jaca -

barco -

boca -

coco -

rosca -

faca -

36. Leia e sublinhe as palavras escritas com **que** e **qui**.

As macaquices do macaco Tico eram as mais engraçadas: rodopiava, pulava de galho em galho. Quero ver mais vezes esse macaquinho que me fez rir muito.

Bloco 5

CONTEÚDOS:

- Substantivo próprio e comum
- Substantivo coletivo
- Gênero do substantivo
- Número do substantivo
- Grau do substantivo
- Ortografia:
  - → h
  - → lha, lhe, lhi, lho, lhu
  - → x, ch
  - → as, es, is, os, us
  - → az, ez, iz, oz, uz

Lembre que:

- **Substantivos:** são palavras que dão nome aos seres.
- **Substantivos comuns:** dão nome a todos os seres da mesma espécie.

  Exemplos: menina, janela, abóbora.
- **Substantivos próprios:** dão nome a um só ser da espécie.

  Exemplos: Gustavo, Brasil, Rio de Janeiro.

  Os **substantivos próprios** são sempre iniciados por letra maiúscula.

  Exemplos: Carolina, Brasil.

1. Sublinhe os substantivos próprios e circule os substantivos comuns destas frases:

a) O nome do meu amigo é Frederico.

b) André comprou chocolate para Juliana.

c) Fui de carro para Salvador.

d) Sapeca é um gatinho esperto.

e) Carla ganhou o estojo e Bebeto, os lápis.

"Pensaremos em cada menina
que vivia naquela janela;
uma que se chamava Arabela,
outra que se chamava Carolina."

Cecília Meireles. As meninas. *Ou isto ou aquilo*. Rio de Janeiro: Nova Fronteira, 1990.

2. Leia o trecho do poema acima e escreva:

a) dois substantivos próprios:

b) dois substantivos comuns:

3. Classifique os substantivos em próprio ou comum, relacionando as colunas:

(1) substantivo próprio
(2) substantivo comum

( )	rosa	( )	Bahia
( )	porta	( )	Rosa
( )	caneta	( )	Brasil
( )	cinzeiro	( )	Ana
( )	príncipe	( )	criança
( )	Plutão	( )	Roque
( )	Vicente	( )	melancia

4. Complete as frases com substantivos-comuns que indiquem profissão.

a) A faz roupas.

b) O engraxa e lustra sapatos.

c) Quem faz pão é o .

d) O conserta calçados.

e) O ensina aos alunos.

f) Quem vende remédios é o .

g) Quem examina os doentes é o .

5. Escreva nomes comuns de:

animais	flores

frutas	brinquedos

6. Escreva nomes próprios de:

pessoas	cidades

países	seus amigos

7. Reescreva as frases a seguir substituindo os substantivos comuns por substantivos próprios.

a) A menina chamou a mãe para passear.

b) O prefeito conversou com alguns moradores do bairro.

c) A professora pediu silêncio à turma.

8. Complete a ficha utilizando substantivos próprios.

Eu me chamo: ______________________

Moro na cidade: ______________________

No Estado: ______________________

Meus melhores amigos se chamam: ______________________

Lembre que:

- **Substantivo coletivo** é a palavra que, no singular, indica um conjunto de vários elementos da mesma espécie.

Alguns coletivos	
álbum	fotografias, selos
alcateia	lobos
armada	navios de guerra
arquipélago	ilhas
assembleia	professores, pessoas, deputados
batalhão	soldados
cacho	uvas, bananas
cáfila	camelos
cambada	vagabundos
caravana	viajantes
década	período de dez anos
elenco	artistas, atores
enxame	abelhas
esquadra	navios
esquadrilha	aviões
fauna	animais de uma região
flora	plantas de uma região
junta	bois, médicos
milênio	período de mil anos
molho	chaves
ninhada	pintos
pilha	tijolos
pinacoteca	quadros
pomar	árvores frutíferas
prole	filhos
quadrilha	ladrões, assaltantes
ramalhete	flores
rebanho	ovelhas, bois, cabras
réstia	alhos, cebolas
revoada	aves em voo
século	período de cem anos
time	jogadores
turma	alunos, trabalhadores
vara	porcos

9. Complete com o coletivo, como no modelo.

Um conjunto de peixes forma um cardume.

a) Um conjunto de lobos forma uma ______.

b) Um conjunto de pintos forma uma ______.

c) Um conjunto de abelhas forma um ______.

d) Um conjunto de porcos forma uma ______.

10. Complete as frases com o coletivo adequado.

a) Fabiana foi à ______ de professores.

b) O macaco do zoológico comeu um ______ de bananas.

c) Nosso ______ tem vinte e seis letras.

d) Adriana ganhou um ______ de fotografias.

11. Numere a segunda coluna de acordo com a primeira.

(1) ramalhete	( ) lobos
(2) caravana	( ) aviões
(3) esquadrilha	( ) uvas
(4) rebanho	( ) jogadores
(5) pinacoteca	( ) viajantes
(6) batalhão	( ) flores
(7) cacho	( ) quadros
(8) time	( ) soldados
(9) alcateia	( ) ovelhas

12. Escreva o coletivo de:

a) navios de guerra

b) pessoas, professores

c) camelos

d) viajantes

e) período de mil anos

f) período de cem anos

g) filhos

13. Complete com o coletivo do substantivo entre parênteses.

a) Papai é comandante da ______. (navios)

b) Sua ______ é bem moderna. (quadros)

c) O ______ deste filme é muito bom. (atores)

d) A ______ de inglês está indo muito bem. (alunos)

e) O pastor toma conta de seu ______. (ovelhas)

f) Sua ______ é muito valiosa. (discos)

14. Encontre no diagrama as coleções que formam os coletivos a seguir.

a) Alfabeto
b) Elenco
c) Nuvem
d) Arquipélago
e) Assembleia
f) Pilha
g) Réstia
h) Quadrilha
i) Viveiro
j) Multidão

L	P	B	D	I	R	E	I	L	H	A	S
E	I	R	G	M	N	C	E	A	Z	D	T
T	N	P	A	S	S	A	R	O	S	P	I
R	C	D	B	N	F	L	H	I	V	I	J
A	É	P	A	L	H	O	S	G	B	Õ	O
S	I	L	G	C	A	R	F	I	F	E	L
G	G	A	F	A	N	H	O	T	O	S	O
F	A	L	H	E	Z	S	O	C	P	D	S
C	I	L	D	O	A	T	O	R	E	S	A
D	E	P	U	T	A	D	O	S	S	E	I
P	Q	J	H	A	D	R	E	P	S	T	S
R	C	H	A	F	P	E	S	S	O	A	S
L	A	D	R	O	E	S	I	Z	E	S	T

Lembre que:

- Os substantivos podem estar no **masculino** ou no **feminino**.

  Exemplos: pat**o** (masculino) e pat**a** (feminino).

  Antes dos substantivos **masculinos** usamos **o**, **os**, **um**, **uns**.

  Antes dos substantivos **femininos** usamos **a**, **as**, **uma**, **umas**.

Alguns substantivos no masculino e no feminino	
Masculino	**Feminino**
alfaiate	costureira
anão	anã
ator	atriz
autor	autora
barão	baronesa
campeão	campeã
carneiro	ovelha
cavaleiro	amazona
cavalheiro	dama
cavalo	égua
conde	condessa
duque	duquesa
embaixador	embaixatriz
escrivão	escrivã

Alguns substantivos no masculino e no feminino	
Masculino	**Feminino**
frade	freira
genro	nora
herói	heroína
imperador	imperatriz
juiz	juíza
ladrão	ladra
macho	fêmea
mestre	mestra
padrasto	madrasta
padre	madre
pagão	pagã
poeta	poetisa
réu	ré
zangão	abelha

15. Coloque os artigos **o** antes dos substantivos masculinos e **a** antes dos substantivos femininos:

a) formiga
b) carneiro
c) telefone
d) chapéu
e) prédio
f) esquilo

g) lápis
h) xícara
i) filho
j) fruta
k) moço
l) amiga
m) doce
n) colher

16. Complete com os artigos **um**, **uma**, **uns**, **umas**:

a) cadernos

b) roupa

c) carros

d) rapaz

e) caixas

17. Observe as imagens e escreva frases, usando o masculino e o feminino.

18. Dê o feminino dos substantivos:

a) alfaiate
b) avô
c) barão
d) carneiro
e) herói
f) cavaleiro
g) cavalheiro
h) cavalo
i) frade
j) genro

19. Reescreva as frases, passando-as para o masculino.

a) A vaca e a égua estão no pasto.

b) A macaca parecia uma atriz.

c) A rainha ganhou uma ovelha.

d) Que pata medrosa!

20. Escreva **m** para os nomes masculinos e **f** para os nomes femininos.

a)		embaixatriz	j)		ladra
b)		anã	k)		amazona
c)		patroa	l)		juíza
d)		esposo	m)		madrasta
e)		zangão	n)		égua
f)		espiã	o)		cunhado
g)		campeão	p)		avó
h)		fêmea	q)		carneiro
i)		juiz	r)		ovelha

21. Reescreva as frases, passando-as para o feminino.

a) O menino ganhou um cachorro de raça.

b) O rei e o duque são homens honestos.

Lembre que:

Os substantivos podem estar no **singular** ou no **plural**.

- O **singular** indica um só elemento.
  Exemplos: o gato, um gato.
- O **plural** indica mais de um elemento.
  Exemplos: os gatos, uns gatos.
  Geralmente acrescenta-se um **s** no final das palavras para formar o plural. Veja:

Singular	**Plural**
brincadeira	brincadeira**s**
pedrinha	pedrinha**s**
cabeça	cabeça**s**

Outras maneiras para formar o plural

Singular	Plural
o professor	**os professores**
a mulher	as mulheres
a colher	as colheres
o mar	os mares
o cartaz	**os cartazes**
a cruz	as cruzes
o nariz	os narizes
o rapaz	os rapazes
o animal	**os animais**
o jornal	os jornais
o farol	os faróis
o anel	os anéis
o jardim	**os jardins**
o homem	os homens
a viagem	as viagens
o bombom	os bombons
o avião	**os aviões**
o melão	os melões
o gavião	os gaviões
o pião	os piões
o cão	**os cães**
o pão	os pães
o alemão	os alemães
o capitão	os capitães
o grão	**os grãos**
a mão	as mãos
a bênção	as bênçãos
o cristão	os cristãos

22. Reescreva as frases, passando para o plural as palavras destacadas.

a) A gente pode brincar com **uma pedrinha** no chão.

b) Usando a cabeça, a gente pode inventar **uma brincadeira**.

c) Usando as mãos, a gente pode construir **um brinquedo**.

23. Reescreva as frases, passando-as para o singular.

a) Os meninos gostam de passear nas ruas.

b) Meus amigos ficaram zangados.

c) Os artistas gravaram uns discos.

24. Leia o texto e pinte as palavras que estão no plural.

"...Depois que mamãe pata viu seus filhotes saírem das cascas dos ovos, colocou-os em fila para caminharem até o lago e, lá, ensiná-los a nadar. Com o bico, acariciou-lhes o pescoço e alisou-lhes o redemoinho que havia se formado na cabeça como se fosse uma crista, justo ali onde as plumas são mais macias..."

25. Dê o plural das palavras.

a) o anel
um anel

b) o pincel
um pincel

c) o limão
um limão

d) a flor
uma flor

26. Reescreva as frases, passando-as para o plural.

a) O professor é competente.

b) A viagem foi interessante.

27. Escreva o plural das palavras. Depois, procure-as no diagrama abaixo.

a) pincel -
b) melão -
c) nariz -
d) colar -
e) chafariz -
f) diretor -
g) pião -
h) legal -

D	P	B	D	I	R	E	T	O	R	E	S
J	I	R	G	M	N	C	E	A	Z	D	C
B	N	M	Q	E	Z	O	C	C	F	P	G
A	C	D	B	N	F	L	H	I	V	I	B
J	É	P	C	T	S	A	P	G	B	Õ	O
D	I	L	G	C	A	R	F	I	F	E	L
G	S	E	I	B	M	E	L	Õ	E	S	E
F	A	H	D	E	Z	S	O	C	H	D	G
C	I	L	D	O	B	X	N	V	A	C	A
N	A	R	I	Z	E	S	I	J	S	E	I
P	Q	J	H	A	D	R	E	P	V	T	S
R	C	H	A	F	A	R	I	Z	E	S	T
F	E	C	Q	S	B	V	T	V	F	U	X

Lembre que:

- O grau do substantivo pode ser: **normal**, **aumentativo** e **diminutivo**.

Alguns diminutivos e aumentativos

Normal	Diminutivo	Aumentativo
barca	barquinha	barcaça
boca	boquinha	bocarra
cabeça	cabecinha	cabeçorra
cão	cãozinho, cãozito	canzarrão
chapéu	chapeuzinho	chapelão
fogo	foguinho	fogaréu
homem	homenzinho, homúnculo	homenzarrão
muro	murinho, mureta	muralha
nariz	narizinho	narigão
papel	papelzinho	papelão
rapaz	rapazinho, rapazola	rapagão
voz	vozinha	vozeirão

28. Dê o diminutivo e o aumentativo de:

a) copo
diminutivo:
aumentativo:

b) cão
diminutivo:
aumentativo:

c) menino
diminutivo:
aumentativo:

d) casa
diminutivo:
aumentativo:

e) muro
diminutivo:
aumentativo:

f) mulher
diminutivo:
aumentativo:

29. Reescreva as frases, passando as palavras destacadas para o grau aumentativo:

a) Alguém sentou na minha **cadeira**.

b) As crianças tomaram um **sorvete** e beberam água no **copinho**.

c) Murilo está um **rapaz**!

d) Letícia pulou aquela **mureta**.

30. Ligue os substantivos ao seu aumentativo.

boca •	• vozeirão
cabeça •	• bocarra
nariz •	• cabeçorra
cão •	• narigão
voz •	• canzarrão

31. As palavras abaixo estão no grau diminutivo. Passe-as para o grau normal.

a) riacho
b) colarzinho
c) paizinho
d) avezinha
e) burrico
f) irmãzinha
g) espadim
h) lugarejo
i) florzinha

32. Complete com o diminutivo, como no modelo.

Uma cama pequena é uma **caminha**.

a) Um boné pequeno é um .

b) Um coelho pequeno é um .

c) Uma casa pequena é uma .

d) Um pé pequeno é um .

e) Um rapaz pequeno é um .

f) Uma caneca pequena é uma .

g) Uma abelha pequena é uma .

h) Um livro pequeno é um .

33. Complete corretamente as frases. Use palavras de sua escolha no diminutivo ou aumentativo.

a) Ganhei um lindo do meu avô.

b) Meu é muito legal.

c) Mora numa de portas amarelas.

d) Comprei um de histórias.

34. Forme frases com estas palavras:

a) livrinho

b) colher

c) pracinha

35. Escreva o diminutivo e o aumentativo das figuras abaixo.

Vamos trabalhar com:
a letra h

36. Leia, copie e separe as sílabas destas palavras.

a) hélice

b) harpa

c) hipopótamo

d) humilhação

e) hotel

f) homem

g) habitação

37. Nas palavras abaixo, acrescente **h** onde for necessário. Depois, copie-as.

a) ☐ ábito

b) ☐ ontem

c) ☐ omem

d) ☐ elicóptero

e) ☐ oje

f) ☐ úmido

g) ☐ orário

h) ☐ onra

i) ☐ orar

j) ☐ ino

k) ☐ ordem

l) ☐ oriente

38. Forme palavras com as sílabas.

1 har	**2** hé	**3** pi	**4** ma	**5** ta	**6** ce
7 hor	**8** hos	**9** pa	**10** bi	**11** tal	**12** to
13 hu	**14** há	**15** te	**16** li	**17** no	**18** lã

1 - 9 –

13 - 4 - 17 –

14 - 10 - 12 –

2 - 16 - 6 –

7 - 15 - 18 –

8 - 3 - 11 –

7 - 5 –

39. Complete as frases com as palavras do quadro.

hotel - herdeiro - Helena - Hugo

a) Nós ficamos num ______ muito bom.

b) ______ dançou no festival.

c) ______ tornou-se ______ da fortuna de seu pai.

40. Encontre no diagrama dez palavras iniciadas pela letra **h** e circule-as.

B	C	S	B	F	H	D	C	H
M	E	E	L	Z	X	P	A	U
L	A	H	S	N	H	L	N	M
V	T	O	E	H	O	H	B	A
H	A	R	M	O	N	I	A	N
F	C	A	D	S	E	P	F	I
L	H	L	P	P	S	O	U	D
B	G	C	H	I	T	P	N	A
N	T	U	O	T	O	Ó	F	D
H	I	E	N	A	I	T	T	E
I	S	G	R	L	B	A	P	A
G	F	B	A	P	S	M	R	S
I	L	C	N	O	D	O	A	C
E	X	I	Z	F	G	R	V	I
N	N	H	O	M	E	M	O	S
E	D	R	A	S	A	D	S	B

Agora, forme uma frase usando duas dessas palavras.

Vamos trabalhar com:
lha, lhe, lhi, lho, lhu

41. Complete as palavras com **lh**, copie-as e separe as sílabas.

a) baru ___ o

b) pa ___ a

c) gra ___ a

d) fi ___ ote

e) pa ___ oça

f) abe ___ a

g) agu ___ a

42. Ordene as sílabas destas palavras:

a) lho - ba - ra
b) te - fi - lho
c) ti - car - lha
d) do - mo - lha
e) re - o - lhu - do
f) lha - pa - ça - da
g) ra - lhe - ma - te

43. Forme frases com as palavras:

a) espantalho

b) palhaço

c) brilhante

d) espelho

44. Complete as palavras com **lh** e depois copie-as em ordem alfabética.

a) a o
b) ga o
c) ve a
d) i a
e) mi o
f) mo o
g) pa a
h) fa a
i) agu a
j) o o
k) fo a
l) bri o

1. 7.
2. 8.
3. 9.
4. 10.
5. 11.
6. 12.

45. Escreva o nome de cada ilustração.

____

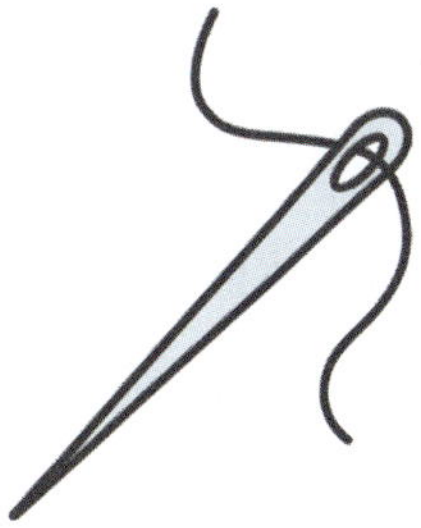

____

____

____

____

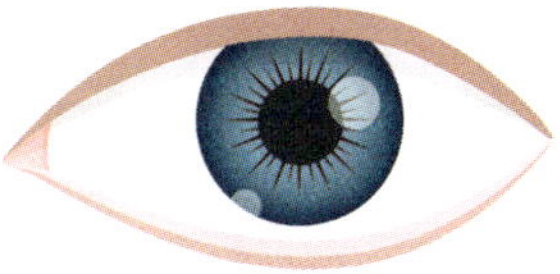

____

Vamos trabalhar com: **ch – x**

46. Ordene as sílabas destas palavras:

a) chi - la - mo
b) cha - to - ru
c) pe - ta - chu
d) ra - tei - chu
e) cha - fe - ra - du
f) co - cho - te - la
g) vis - chu - co

47. O que você vê? Responda às perguntas e, depois, forme frases com as palavras. Observe o modelo.

	O que é?	Como é?	Para que serve?
	Uma chave	É cor de bronze	Para abrir a casa
Ganhei uma chave cor de bronze para abrir minha casa.			

	O que é?	Como é?	Para que serve?

	O que é?	Como é?	Para que serve?

48. Complete com **xa**, **xe**, **xi**, **xo**, **xu** e copie as palavras.

a) li   iro
b) en   val
c) pei
d) en   da
e) abaca
f) en   to

49. Junte as sílabas e forme palavras com **x**.

xe **xa** **ta** **pe**

rá **ro** **re**

50. Complete as palavras colocando **x** ou **ch** e, depois, copie-as.

a)   ícara
b) amei   a
c)   ale
d) mo   ila
e) ma   ado
f)   apéu
g)   ave
h) pei   e
i) abaca   i
j)   aveiro
k) fe   adura
l) en   gador

51. Leia e desenhe:

mochila

lixeira

52. Complete a cruzadinha, observando a numeração.

1. chaveiro
2. cheio
3. peixe
4. mochila
5. xale
6. lanche
7. enxuto
8. fechadura
9. enxada
10. cachorro
11. chocolate

Vamos trabalhar com:
as, es, is, os, us

53. Complete as palavras com **as** ou **es** e, depois, copie-as:

a) ma
b) cova
c) c ca
d) f ta
e) cola
f) tudante
g) p ta

54. Forme frases com as palavras abaixo.

a) esquilo

b) tênis

c) ônibus

55. Recorte de revistas e jornais e cole no quadro abaixo palavras que contenham **as, es, is, os, us**.

56. Leia as palavras abaixo e copie-as nos lugares corretos.

tênis - gás - casa - biscoito - ônibus
lápis - rosto - esperto - revista
dois - estojo - susto - mês - pires
festa - rasgado - máscara
fósforo - agosto - Gustavo

as

es

is

os

us

57. Escreva duas palavras com:

a) as

b) es

c) is

d) os

e) us

58. Ordene as sílabas destas palavras.

a) coi - bis - to
b) es - lho - pe
c) ma - ca - es
d) va - co - es
e) dor - pes - ca

Vamos trabalhar com:
az, ez, iz, oz, uz

59. Leia as palavras e, depois, copie-as.

rapidez - verniz - nariz - dez
faz - surdez - capaz - xadrez
rapaz - paz - maciez - matriz

60. Complete com **az, ez, iz, oz, uz**.

a) atr
b) rigid
c) arr
d) palid
e) vel
f) fel
g) cap
h) avestr
i) ju
j) talv
k) cicatr
l) cusc
m) cr
n) imperatr
o) fer
p) p
q) d
r) ra

61. Leia, copie e separe as sílabas destas palavras.

a) Beatriz
b) nariz
c) surdez
d) avestruz
e) feroz
f) feliz
g) cicatriz
h) veloz

62. Procure no diagrama palavras com **az**, **ez**, **iz**, **oz**, **uz**. Depois, copie-as abaixo.

N	W	K	L	F	P	R	A	R	R	O	Z	H
U	C	A	R	T	A	Z	J	O	P	H	F	O
D	A	M	Q	X	Z	N	M	G	A	T	E	N
E	P	Y	V	I	U	V	E	Z	L	S	R	R
Z	U	N	A	R	I	Z	B	S	I	W	O	A
Q	Z	A	Z	P	V	M	W	C	D	J	Z	D
A	L	T	I	V	E	Z	C	B	E	Y	H	E
E	R	A	P	I	D	E	Z	F	Z	U	I	Z

63. Escreva por extenso.

a) 11 -

b) 12 -

c) 13 -

d) 14 -

e) 15 -

f) 16 -

g) 17 -

h) 18 -

i) 19 -

64. Forme frases com as palavras abaixo.

a) avestruz

b) cruz

c) paz

d) rapaz

Bloco 6

CONTEÚDOS:

- Sinônimos e antônimos
- Adjetivo
- Pronome
- Ortografia:
  - → al, el, il, ol, ul
  - → s com som de z
  - → bl – cl – fl – gl – pl – tl

Lembre que:

- **Sinônimos** são palavras que têm o mesmo significado que outras.

Algumas palavras e seus sinônimos	
Palavras	**Sinônimos**
achar	encontrar
alvo	claro
aparecer	surgir
auxiliar	ajudar
auxílio	ajuda
barulho	ruído
bastante	muito
chorona	manhosa
comprido	longo
desaparecer	sumir
enfermo	doente
enorme	imenso
espontânea	natural
estudioso	aplicado
freguês	cliente
gentil	delicado
gozado	engraçado
habitar	povoar
isolada	solitária
morar	residir
pacote	embrulho
preguiçoso	vadio
próximo	perto
repleta	cheia
repousar	descansar
soltar	largar
triste	melancólico
vagaroso	lento
valente	corajoso

Lembre que:

- **Antônimos** são palavras que têm significados contrários.

Algumas palavras e seus antônimos	
Palavras	**Antônimos**
aparecer	desaparecer
áspero	macio
atrasado	adiantado
calmo	aflito
claro	escuro
corajoso	medroso
curto	comprido
entrar	sair
felicidade	infelicidade
feliz	infeliz
honesto	desonesto
justo	injusto
largo	estreito
morrer	nascer
nunca	sempre
obediente	desobediente
perder	ganhar
rico	pobre
sim	não
soltar	prender
tarde	cedo
útil	inútil
vender	comprar
verdade	mentira

1. Dê os sinônimos destas palavras.

a) bastante
b) barulho
c) gentil
d) alvo
e) próximo
f) desaparecer
g) morar
h) achar

2. Dê os antônimos destas palavras.

a) claro
b) útil
c) atrasado
d) forte
e) alegria
f) largo
g) rico
h) nunca
i) perder

3. Reescreva as frases, substituindo as palavras destacadas por sinônimos.

a) Minha casa fica **distante** da escola.

b) Luciano é um menino **estudioso**.

c) O hospital fica **próximo** da escola.

d) Aquele menino é muito **valente**.

e) A tartaruga é **lenta**.

f) O palhaço é **engraçado**.

g) O mar está **calmo**.

h) Aquela rua é **larga**.

4. Reescreva as frases, substituindo as palavras destacadas por antônimos.

a) Este homem é muito **forte**.

b) Carina está **calma**.

c) Seu primo era bem **gordinho**.

d) Agora você é **obediente**.

5. Ligue as palavras de mesmo sentido.

comprido •	• claro
repousar •	• lento
perfumado •	• ruído
vagaroso •	• cheiroso
barulho •	• descansar
alvo •	• longo

6. Marque com um X o sinônimo da palavra em destaque.

a) Roberto ficou muito **feliz** com a notícia.

- [ ] triste
- [ ] contente
- [ ] assustado

b) A escola onde Gabriela estuda é **grande**.

- ☐ linda
- ☐ pequena
- ☐ espaçosa

c) Depois da lavagem, as roupas ficaram bem **claras**.

- ☐ alvas
- ☐ sujas
- ☐ escuras

7. Ligue as palavras de sentido contrário.

perder •	• desobediente
soltar •	• infelicidade
bom •	• desonesto
felicidade •	• prender
honesto •	• mau
obediente •	• ganhar

8. Escreva na cruzadinha o antônimo das palavras abaixo.

1. alto
2. antes
3. beneficiar
4. simpático
5. longe
6. útil
7. obediente
8. felicidade
9. calmo
10. soltar

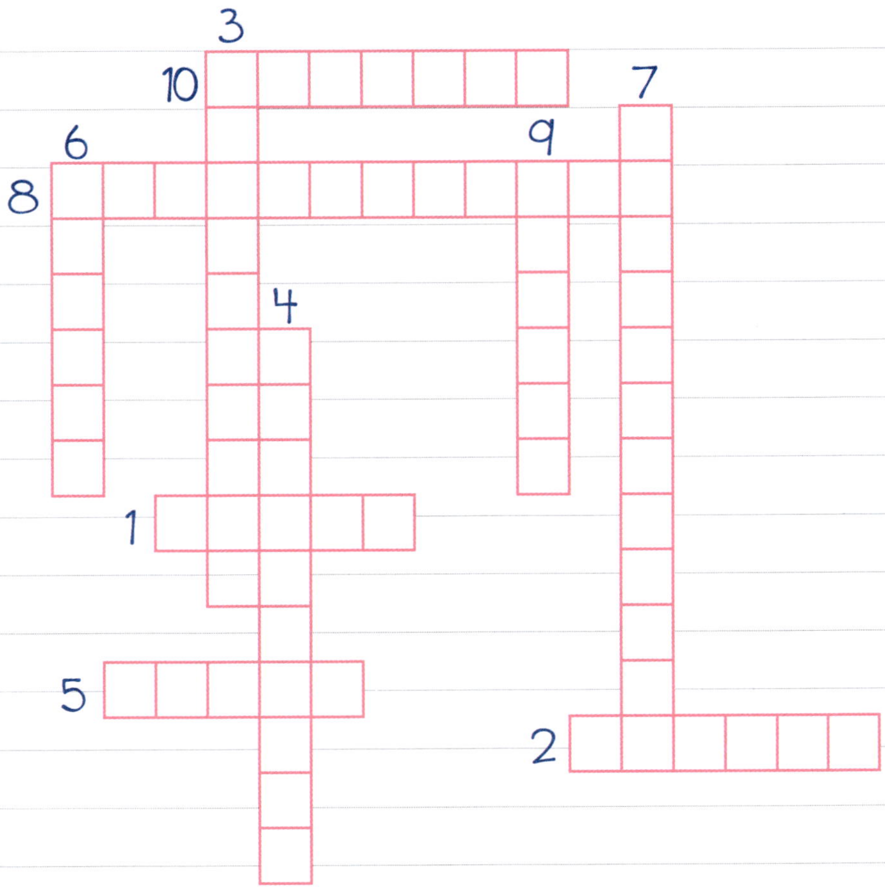

Lembre que:

- **Adjetivo** é a palavra que dá características ao substantivo.

  Exemplos: menina **alegre**, garoto **esperto**.

9. Dê um adjetivo apropriado para cada um dos substantivos abaixo.

a) cadeira
b) casa
c) blusa
d) estrela
e) horta
f) cama
g) porta

10. Complete com o adjetivo.

a) Quem tem bondade é ________.

b) Quem tem preguiça é ________.

c) Quem tem medo é ________.

d) Quem tem coragem é ________.

11. Sublinhe os adjetivos e passe as frases para o feminino.

a) Meu irmão é bonito e corajoso.

b) O macaco é pequeno e gozado.

c) Aquele rapaz é bonito.

d) O cão é amistoso.

12. Sublinhe os adjetivos destas frases.

a) A casa-grande da fazenda é branca.

b) Silvinho ganhou um cavalo preto e uma vaca malhada.

c) A chuva grossa molhou a cara pintada do palhaço.

13. Forme frases com as expressões:

a) suco gelado

b) papagaio falador

14. Coloque (1) em cima dos substantivos e (2) em cima dos adjetivos.

a) Titio comprou uma moto maravilhosa.

b) Aquela menina morena está muito feliz.

c) O papagaio é uma ave muito engraçada e inteligente.

d) Quero um vestido vermelho e um sapato preto.

Lembre que:

- **Pronomes** são palavras que representam nomes dos seres a que se referem, indicando a pessoa do discurso.

  Exemplos: **eu, tu, ele, ela, você, nós, vós, eles, elas, vocês.**

15. Substitua o nome por um pronome. Siga o exemplo.

Camila é cuidadosa.
Ela é cuidadosa.

a) O **professor** ensina bem.
ensina bem.

b) **As alunas** participaram da festa.
participaram da festa.

c) O **juiz** exige ordem.
exige ordem.

d) **Paulo** e **Carlos** estão ausentes.
estão ausentes.

16. Complete com o pronome correto.

a) entrou na sala.
b) iremos ao cinema.
c) viajaram ontem.
d) falaste a verdade.
e) cantais muito bem.

17. Sublinhe os pronomes destas frases.

a) Ela cantou muito bem.
b) Ele e eu andamos de patins.
c) Tu sabes nadar?
d) Vocês descobriram a resposta certa?

18. Complete as frases ligando-as aos pronomes adequados.

❖ vamos viajar.	•	• Eu
Quando ❖ vão voltar?	•	• Tu
❖ está na academia.	•	• Ele/Ela
Onde ❖ estás?	•	• Nós
❖ gostei do livro que li.	•	• Vós
❖ estudais?	•	• Eles/Elas

19. Complete as frases com um pronome adequado.

a) Este caderno é para fazer minhas anotações.
b) Conversaram muito e não há nada pendente entre e ele.
c) Marisa ficou decepcionada. É difícil para aceitar que não foi aceita no time.
d) O presente está destinado ao Carlos. Quem trouxe isto para ?
e) Marta e João estavam calados. Para mim está claro que fizeram a bagunça.
f) Já pedimos à Julia para não sair. E ela saiu sem sabermos.

20. Substitua os pronomes por nomes próprios.

a) Ele queria comprar um relógio.

b) Eles trabalham no circo.

c) Nós lutamos pela paz.

21. Responda, seguindo o modelo.

Eu estudo. Quem estuda? Eu.

a) Tu estudas. Quem estuda?

b) Você estuda. Quem estuda?

c) Nós estudamos. Quem estuda?

d) Vós estudais. Quem estuda?

e) Vocês estudam. Quem estuda?

Vamos trabalhar com:
al, el, il, ol, ul

22. Leia, copie e separe as sílabas destas palavras.

a) talco

b) canil

c) balde

d) hospital

e) filme

f) carretel

g) alfinete

23. Forme palavras com as sílabas do quadro, observando os números.

1 de	2 ma	3 sol	4 pa	5 do	6 mi
7 bal	8 dal	9 da	10 to	11 pal	12 pel

a) 1 - 8 –

b) 7 - 1 –

c) 3 - 9 - 5 –

d) 11 - 2 - 9 –

e) 4 - 12 —

f) 11 - 6 - 10 —

24. Pesquise e escreva palavras com **al**, **el**, **il**, **ol**, **ul**, como nos exemplos.

a) **al - alto**

b) **el - painel**

c) **il - filme**

d) **ol - soldado**

e) **ul - multa**

25. Responda às adivinhas a seguir usando palavras com **al**, **el**, **il**, **ol**, **ul**.

a) Direção contrária do norte: .

b) Joia usada no dedo: .

c) Mês que vem depois de março: .

d) Astro que ilumina a Terra: .

Vamos trabalhar com:
s com som de z

26. Leia, copie as palavras e, depois, separe as sílabas.

a) caseiro

b) risada

c) camiseta

d) presa

e) Teresa

f) música

g) gasolina

27. Use **s** ou **z**.

a) on__e
b) bu__ina
c) ca__aco
d) mú__ica
e) va__io
f) ro__a
g) u__ar
h) a__a
i) ca__amento
j) ri__o
k) quin__e
l) lou__a

28. Forme palavras ordenando as sílabas.

a) zi - na - bu
b) to - a - na - zei
c) sa - ca - co
d) te - ra - sou

29. Encontre as palavras a seguir no diagrama.

1. brasileira
2. camisola
3. desenho
4. brisa
5. ausente
6. casulo
7. visita
8. lisa

C	V	B	R	A	S	I	L	E	I	R	A
G	H	L	J	U	I	O	P	Z	B	A	E
C	B	L	I	S	A	A	K	U	T	C	R
A	T	T	Y	W	Q	U	Z	T	B	A	P
M	C	Y	B	R	I	S	A	C	N	S	R
I	X	B	E	A	Q	E	N	U	M	U	Z
S	R	D	E	S	E	N	H	O	Y	L	L
O	W	V	F	G	S	T	B	H	J	O	N
L	A	E	R	V	C	E	T	U	O	A	T
A	E	C	D	K	H	A	C	R	Y	U	Z
R	G	N	R	Y	V	I	S	I	T	A	P

30. Complete as palavras e copie-as.

oso
a) carinh
b) maravilh
c) gost
d) medr
e) manh

osa
f) estudi
g) sabor

h) bond
i) medr
j) amor

31. Complete com **esa** ou **eza** e copie as palavras.

a) princ
b) bel
c) frambo
d) duqu
e) pobr
f) natur
g) marqu
h) espert

Vamos trabalhar com:
bl – cl – fl – gl – pl – tl

32. Separe as sílabas das palavras.

a) flecha
b) emblema
c) glacê
d) cloro

33. Dê exemplos de palavras escritas com as famílias silábicas em destaque.

a) **bl**usa

b) **gl**obo

c) **fl**anela

d) bici**cl**eta

e) a**tl**eta

f) **pl**aneta

34. Junte as sílabas e forme palavras.

bl – usa
bl – usão
bl – oco

cl — asse / oro / ube

fl — auta / ocos / anela

pl — ano / aneta / analto

35. Forme palavras, ordenando as sílabas.

a) ar - blo - que

b) se - gli - co

c) du - la - glân

d) te - cli - en

e) ta - ci - cle - to - mo

f) bi - ta - cle - ci

g) dar - blin

h) ta - plan - ção

36. Escreva uma frase para cada figura abaixo.

Bloco 7

CONTEÚDOS:

- Verbo
  - → Tempos do verbo
- Sujeito e predicado
- Ortografia:
  - → ar, er, ir, or, ur
  - → an, en, in, on, un
  - → x com som de s – ss – cs

Lembre que:

- **Verbo** é a palavra que exprime ação, estado ou fenômeno.

  Exemplos: contar, ficar, chover.

1. Complete as frases com os verbos do quadro.

ensina - vende - conserta - escreve
governa - canta - extrai

a) O mecânico ________ a moto.

b) O cantor ________ para a plateia.

c) O dentista ________ o dente.

d) O professor ________ aos alunos.

e) O presidente ________ o país.

f) O vendedor ________ produtos.

g) O escritor ________ livros.

2. Sublinhe nas frases os verbos que indicam fenômenos e copie-os.

a) Ventou ontem.

b) Trovejou a noite toda.

c) Já anoiteceu.

d) Lá fora chove.

e) Já amanheceu.

3. Que ação pratica:

a) o pescador?

b) o ajudante?

c) o viajante?

d) a arrumadeira?

e) o trabalhador?

4. Sublinhe os verbos destas frases.

a) Vovô está contente.

b) Ontem ventou muito.

c) Sandra permaneceu calada.

d) O dia amanheceu ensolarado.

5. Separe as palavras do círculo nas colunas corretas.

suado paguei mora
realizou vermelho enorme
amou praticou engraçado bonito
andas buscar cantaram
educada feio

verbos	adjetivos

Lembre que:

- O **tempo presente** indica fatos que estão acontecendo hoje, agora, neste momento.
- O **tempo pretérito** indica fatos que já aconteceram.
- O **tempo futuro** indica fatos que ainda vão acontecer.

6. Complete as frases com os verbos entre parênteses no tempo presente.

a) Ele ______ muito de brincar.
(gostar)

b) Nós _____ tristes com a notícia. (estar)

c) No verão, às vezes, _____ muito. (chover)

7. Complete as frases com os verbos do quadro.

volta - desaparece - aparece
voam - entra

a) A tartaruga _____ na superfície.

b) Poucos pássaros _____ sobre as pedras.

c) Ela _____ para o mar, com seu passo lento.

d) A tartaruga _____ na água e _____.

8. O verbo **cantar** está conjugado no presente. Faça o mesmo com o verbo **andar**.

Eu canto	Eu
Tu cantas	Tu
Ele canta	Ele
Nós cantamos	Nós
Vós cantais	Vós
Eles cantam	Eles

9. O verbo **partir** está conjugado no presente. Faça o mesmo com o verbo **abrir**.

Eu parto	Eu
Tu partes	Tu
Ele parte	Ele
Nós partimos	Nós
Vós partis	Vós
Eles partem	Eles

10. Copie as frases, escrevendo o verbo destacado no tempo presente.

a) Eu (**tomar**) suco de laranja.

b) Tu (**vender**) a casa?

c) Nós (**tirar**) belas fotos.

d) Eles (**gostar**) de bolo.

e) Vós (**cantar**) muito bem.

11. Reescreva as frases, passando os verbos para o tempo pretérito.

a) Ele estuda as lições à noite.

b) Eu faço uma série de exercícios.

c) Os meninos falam durante as aulas.

12. O verbo **cantar** está conjugado no pretérito. Faça o mesmo com o verbo **andar**.

Eu cantei	Eu
Tu cantaste	Tu
Ele cantou	Ele
Nós cantamos	Nós
Vós cantastes	Vós
Eles cantaram	Eles

13. O verbo **comer** está conjugado no pretérito. Faça o mesmo com o verbo **escrever**.

Eu comi	Eu
Tu comeste	Tu
Ele comeu	Ele
Nós comemos	Nós
Vós comestes	Vós
Eles comeram	Eles

14. Complete as frases com os verbos entre parênteses no tempo pretérito.

a) O jornaleiro todos os jornais. (vender)

b) Nós para o Nordeste. (viajar)

c) Daniela e a perna. (cair, quebrar)

d) Vós de ônibus? (andar)

e) Ela em italiano. (falar)

15. Complete as frases com o verbo **plantar** no tempo pretérito:

a) Ontem ele uma árvore.

b) Ontem nós uma árvore

c) Ontem eu uma árvore.

d) Ontem eles uma árvore.

e) Ontem tu uma árvore.

f) Ontem vós uma árvore.

16. Forme frases com os verbos no tempo pretérito:

a) vender

b) pular

17. Complete as frases com os verbos no futuro:

a) Rita e Lúcia no coral da igreja. (cantar)

b) Nós para ficar aqui no Brasil. (vir)

c) Ele de estudar muito. (ter)

d) Eu muito. (estudar)

18. O verbo **cantar** está conjugado no futuro. Faça o mesmo com os verbos **andar** e **escrever**.

Eu cantarei	Nós cantaremos
Tu cantarás	Vós cantareis
Ele cantará	Eles cantarão

Eu	Eu
Tu	Tu
Ele	Ele
Nós	Nós
Vós	Vós
Eles	Eles

19. O verbo **partir** está conjugado no futuro. Faça o mesmo com os verbos **abrir** e **sentir**.

Eu partirei	Nós partiremos
Tu partirás	Vós partireis
Ele partirá	Eles partirão

Eu	Nós
Tu	Vós
Ele	Eles

Eu	Nós
Tu	Vós
Ele	Eles

20. Reescreva as frases, passando os verbos para o futuro.

a) Nós permanecemos na fábrica.

b) Fernando abriu a porta para o professor.

c) Venta muito no mês de agosto.

21. Conjugue o verbo **pular** no presente, no pretérito e no futuro.

Presente	Pretérito
Eu pulo	Eu pulei
Tu	Tu
Ele	Ele
Nós	Nós
Vós	Vós
Eles	Eles

Futuro

Eu pularei

Tu

Ele

Nós

Vós

Eles

22. Forme uma frase com o verbo **cantar** no tempo futuro.

Lembre que:

- **Sujeito** é a pessoa, animal ou objeto sobre o(s) qual(is) se diz alguma coisa.

  Exemplo: **Daniela** é uma boa aluna.

- **Predicado** é o que se diz do sujeito.

  Exemplo: Caio **foi aprovado no exame.**

23. Sublinhe o sujeito e circule o predicado:

a) Ela ia ter um filhinho.

b) Você está muito cansada.

c) O pastor visitou o menino que nasceu.

d) José acordou sobressaltado e alegre.

24. Indique o sujeito e o predicado das frases, conforme o modelo.

a) O cachorro latiu.

sujeito: O cachorro

predicado: latiu.

b) Meu irmão é piloto de avião.

c) Danilo está machucado.

d) Os cavalos correm bastante.

e) A gatinha preta desenrolou o novelo de lã.

25. Complete as frases com os sujeitos do quadro abaixo.

o texto - o futebol
o menino - o celular
o rapaz e a moça

a) é um meio de comunicação.

b) é um dos esportes que os meninos mais gostam de praticar.

c) estavam namorando.

d) que você escreveu ficou excelente.

e) levou o cachorro para passear.

26. Dê um predicado para cada sujeito.

a) Os alunos

b) O carro

c) A lua

d) Os amigos

e) Mariana

27. Coloque o sujeito no plural, fazendo as alterações necessárias.

a) O menino saiu com seu irmão.

b) A comida estava deliciosa.

c) Você aprenderá muito com esse professor.

d) Eu gosto muito de viajar.

Vamos trabalhar com:
ar, er, ir, or, ur

28. Ordene as sílabas e forme palavras.

a) ne - ta - cor
b) do - gor
c) ve - te - sor
d) ar - rio - má
e) no - der - ca
d) lo - cír - cu

29. Ligue e escreva as palavras. Siga o modelo.

ar — dido — ardido
ar — co
ar — mário
ar — gola
ar — teiro

or — fanato — orfanato
or — la
or — deiro
or — dem
or — çamento

30. Complete com **ar**, **er**, **ir**, **or**, **ur**. Depois, distribua as palavras nas colunas de acordo com o número de sílabas.

a) na
b) m
c) sinho
d) gola
e) mulh
f) com
g) t cedor
h) l
i) lib dade
j) s vete
k) t ta
l) imp tante
m) d minhoco
n) t taruga
o) t
p) s

Monossílaba	Dissílaba

Trissílaba	Polissílaba

Vamos trabalhar com:
an, en, in, on, un

31. Vamos brincar de bingo? Observe bem o exemplo:

	1	2	3	4
A	p	a	n	t
B	c	e	i	r
C	d	o	v	s
D	u	b	f	g

a) A1 - B2 - A3 - A4 - B2
pente

b) B1 - A2 - A3 - A4 - C2 - B4

c) A2 - A3 - A4 - B3 - D4 - C2

d) D3 - D1 - A3 - C1 - C2

e) A4 - B4 - C2 - A3 - B1 - C2

f) D2 - A2 - A3 - C1 - B2 - B3 - B4 - A2

g) D4 - B2 - A3 - A4 - B2

h) A2 - A3 - C1 - A2 - B4

i) B3 - A3 - C3 - B2 - B4 - A3 - C2

j) C4 - B2 - C4 - C4 - B2 - A3 - A4 - A2

32. Ordene as sílabas e forme palavras:

a) ran - te - re - fri - ge

b) no - en - si

c) do - ga - va - bun

33. Complete as palavras com **an**, **en**, **in**, **on**, **un**. Depois, copie-as.

a) b deira
b) br co
c) m dioca
d) estud te
e) at ção
f) qu te
g) g te
h) sess ta
i) dio

34. Escreva uma frase para cada figura abaixo.

35. Complete a cruzadinha com os substantivos.

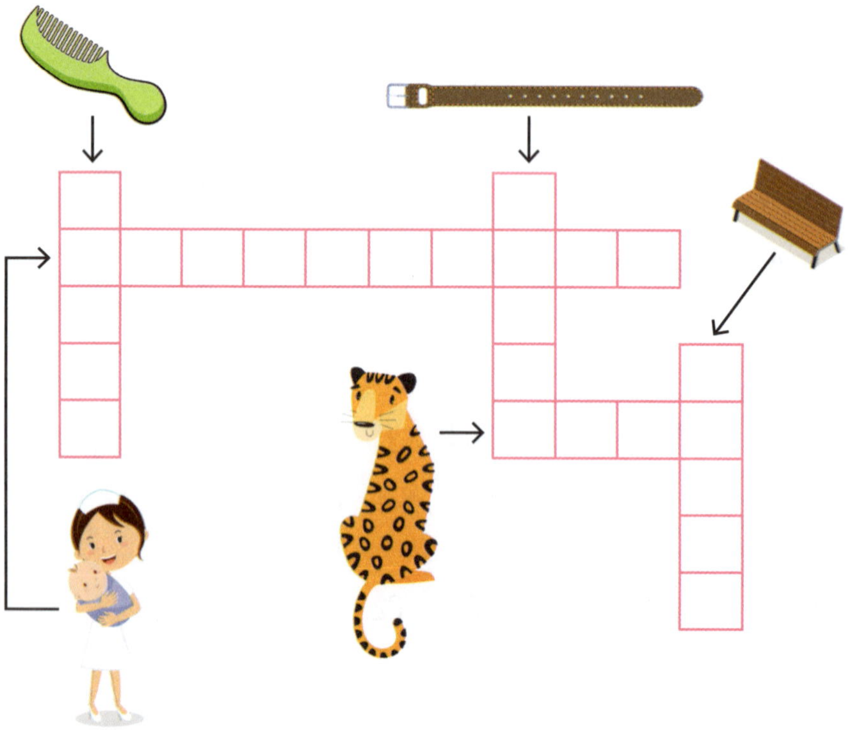

Vamos trabalhar com:
x com som de s – ss – cs

Lembre que:

- Antes de consoante, o **x** tem som de **s**.
  Exemplos: te**x**to, se**x**ta-feira.

x com som de **s**

36. Sublinhe somente as palavras com x com som de s:

expectativa - auxílio - experiente
exploração - xícara - extasiado
extinguir - paixão - extremo
sexto - têxtil - enxame - textual
ameixa - baixa - excursão

37. Complete com x ou s:

a) e___trela	g) e___piga
b) e___terno	h) e___fera
c) e___plicar	i) pe___car
d) e___pelho	j) e___tender
e) e___plodiu	k) e___tação
f) prete___to	l) e___pectador

38. Complete as frases com as palavras do quadro.

trouxe - auxiliou - máximo
próximo - aproximar

a) O professor Augusto __________ os alunos a fazerem o questionário.

b) Ame o seu __________.

c) Papai __________ para mim um cachorro de raça.

d) O volume do rádio está no __________.

e) Tia Mara quer __________ os primos que moram longe.

x com som de **ss** | **x** com som de **cs**

39. Junte as sílabas e forme palavras.

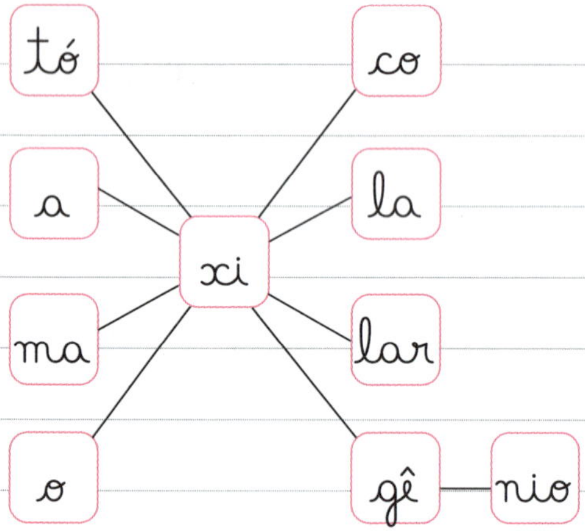

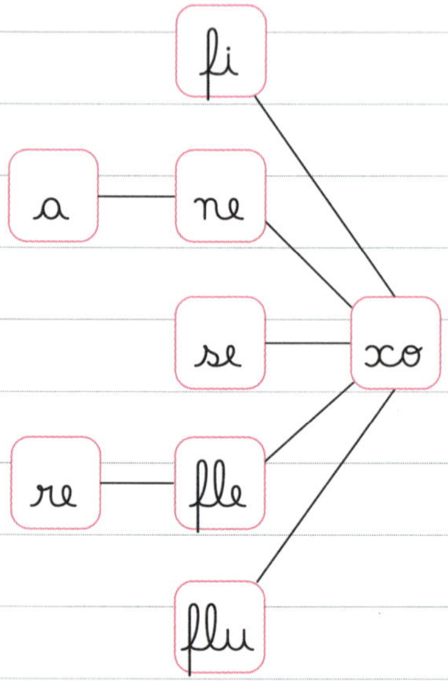

40. Circule as palavras que têm som de **cs**.

exibição fluxo exigente flexão
executar complexo saxofone exame

41. Leia as palavras e copie-as nos lugares corretos.

complexo - fixo - máximo - externo
boxe - explosão - trouxe - extrair
próximo - auxiliou - excursão
axila - exposição - aproximar

a) x com som de **s**

b) x com som de **ss**

c) x com som de **cs**